海外油气
法律法规
译介丛书

Ⅱ

编委会　主　任：窦立荣
　　　　副主任：李　勇

土库曼斯坦
Turkmenistan

李轩然　任立新
侯　珏　张良杰

———
等编译

石油工业出版社

内 容 提 要

本书介绍了土库曼斯坦《矿产资源法》《油气资源法》《烃类气体和天然气供应法》等法律法规。其中《油气资源法》是本书介绍的重点，主要包括在土库曼斯坦管辖区域（包括里海土库曼斯坦境内水域和土库曼斯坦内陆水域）从事石油作业过程中产生的各种关系，例如许可证发放、石油合同执行和签订程序，以及规定国家机关及从事石油作业的自然人/法人的职能和职权等。

本书适用于在土库曼斯坦从事油气勘探开发与相关投资流动的企业和个人，以及从事土库曼斯坦法律行业的人员查阅使用。

图书在版编目（CIP）数据

海外油气法律法规译介丛书．土库曼斯坦／李轩然等编译．—北京：石油工业出版社，2024.1

ISBN 978-7-5183-6391-9

Ⅰ.①海… Ⅱ.①李… Ⅲ.①石油工业–能源法–汇编–土库曼②天然气工业–能源法–汇编–土库曼 Ⅳ.①D912.6

中国国家版本馆CIP数据核字（2023）第197853号

策划编辑：刘俊妍
责任编辑：刘俊妍　张　瑞
责任校对：罗彩霞
装帧设计：周　彦

出版发行：石油工业出版社
（北京安定门外安华里2区1号　100011）
网　　址：www.petropub.com
编辑部：（010）64523746　图书营销中心：（010）64523633
经　销：全国新华书店
印　刷：北京中石油彩色印刷有限责任公司

2024年1月第1版　2024年1月第1次印刷
787×1092毫米　开本：1/16　印张：16.5
字数：360千字

定价：170.00元

（如出现印装质量问题，我社图书营销中心负责调换）
版权所有，翻印必究

《海外油气法律法规译介丛书》
编委会

主　任：窦立荣

副主任：李　勇

编　委：赵　伦　夏朝辉　王红军　肖坤叶　尹继全
　　　　计智锋　田作基　黄文松　朱光亚　许安著
　　　　李云波　丁　伟　王进财　李香玲　张克鑫

《海外油气法律法规译介丛书（土库曼斯坦）》
编译组

李轩然　任立新　薄　兵　张良杰　侯　珏
李　毅　单发超　赵文琪　曾　行　刘云阳
郝峰军　蔡　蕊　王素花　张　磊　侯庆英
陈　松　孙　猛

丛书前言

1993 年，经济体制改革不断深化，国民经济持续快速、健康发展，对外开放进一步扩大，国际合作和贸易往来明显增加。我国提出"充分利用国内外两种资源、两个市场"的战略方针，开启了中国石油"走出去"的新征程。30 年来，中国石油筚路蓝缕、栉风沐雨，实现了海外业务从无到有、从小到大、从弱到强、从快速发展到高质量发展的跨越。目前，中国石油海外已建成中东、中亚—俄罗斯、非洲、美洲、亚太五大油气合作区和四大油气战略通道，形成了以油气勘探开发为核心业务，集管道运营、炼油化工、油气销售为一体的完整产业链。2019—2023 年海外油气权益产量规模连续五年保持在 1 亿吨以上，发展规模和效益质量不断提升，为国家能源安全保障和"一带一路"共建作出了重要贡献。

与国内相比，海外油气业务特征明显，既要遵守资源国相关法律和政策法规，又要符合国际管理规则和惯例，同时还要遵守与合作伙伴之间的协议及中国对海外油气业务管理的有关要求。中国石油经过 30 年的努力探索，基于合规发展，防范化解重大风险，推动实现互利共赢，逐渐形成了一套融合国际惯例、具有中国石油特色、专业化的海外油气项目投资与运营管理体系。

中国石油目前在五大油气合作区30多个国家开展油气业务，其中中东地区的伊拉克，中亚—俄罗斯地区的哈萨克斯坦、土库曼斯坦、俄罗斯，非洲地区的阿尔及利亚，美洲地区的巴西、加拿大，亚太地区的澳大利亚、印度尼西亚等都是重点合作国家。上述国家油气法律繁杂多变，我国石油企业在海外开展油气业务不可避免地会涉及这些国家的相关法律法规。近年来，在全球气候治理与能源转型的推动下，油气行业也在向清洁化、低碳化趋势发展，各资源国与之配套的法律法规不断调整与完善，透彻了解资源国法律法规是海外油气业务可持续发展的重要保障。

为了支撑海外油气业务持续高质量发展，规避相关法律法规方面的风险，中国石油勘探开发研究院统筹指导，海外研究中心地区业务所组织编译了《海外油气法律法规译介丛书》（以下简称《丛书》）。参加编译的单位包括中亚俄罗斯研究所、中东研究所、非洲研究所、美洲研究所、亚太研究所，参与的编译人员多达50余人、审稿专家多达30余人。《丛书》的编译着眼于服务我国石油企业海外业务发展，始终坚持"两个突出"：一是突出实用性，筛选海外油气勘探开发涉及的主要法律法规，确保能够为油气勘探开发提供相关法律法规方面的支持和帮助；二是突出《丛书》质量，各分册完成初稿后，由各编译单位与石油工业出版社共同推荐的审稿专家修改、审查与把关，保障《丛书》的质量。

《丛书》包括《俄罗斯》《土库曼斯坦》《巴西》《加拿大》《阿尔及利亚》《澳大利亚》《印度尼西亚》《伊拉克》共8个分册。涵盖了8个国家、6种语言，重点突出油气勘探开发过程中可能涉及的法律法规，包括：俄罗斯的油气田开发法规，俄罗斯联邦地下资源法，俄罗斯联邦内水、领海、专属经济区和大陆架开展海洋科学研究规范，原油和可燃气体储量与资源量分类、应用指南；土库曼斯坦的矿产资源法，油气资源法，烃类气体和天然气供应法；巴西的石油和天然气勘探与开发法规；加拿大的阿尔伯塔省石油与天然气法第056号法令中的油气资源管理和规划，环境保护的前期申请和实施，油气资源中长期规划和规范，油气活动的终止及油气资源对环境影响的评估等要求；阿尔及利亚的油气上下游业务的作业规范与要求，管理制度架构，适用的税收制度；澳大利亚昆士兰州的石油天然气（生产与安全）法（2004）；印度尼西亚的石油天然气法，油气田开发方案编制工作程序指南和上游业务职业健康、安全及环保管理要求等；伊拉克的碳氢化合物资源保护法，油气资源开发及销售相关行业规定，勘探开发技术服务合同及涉及油气田开发的环境保护法律法规。

《丛书》的组织编译和出版工作任务量巨大，由于涉及5

种小语种，编译专家协调、文字审校工作难度很大，中国石油勘探开发研究院 5 个地区所各级领导高度重视、统筹安排，在石油工业出版社的大力支持下，进行了多轮次内外部专家审译修改，最终达到出版要求。在此对所有参与《丛书》编译工作的领导、专家、科研人员及出版社编辑的辛勤付出表示衷心的感谢！

  站在海外油气业务发展的新起点，面对新形势、新任务和新要求，相信这套《丛书》会对我国石油企业海外业务发展提供可靠的支撑。由于时间、人力和能力等方面的原因，还有很多法律法规未能纳入本套《丛书》中来。我们期盼有更多的海外油气法律法规被编译和出版发行，期望《丛书》对已经"走出去"和即将"走出去"的石油企业提供有价值的参考。希望广大科技与商务工作者多提宝贵意见，共同推动我国石油企业海外业务走深走实。

中国石油勘探开发研究院

执行董事、院长、党委副书记

2023.12.18.

前言

土库曼斯坦拥有丰富的石油与天然气资源，油气资源主要分布在东部和西部，东部阿姆河盆地以产气为主，西部南里海盆地以产油为主，天然气工业为其支柱产业。根据土库曼斯坦油气工业和矿产资源部统计的数据，2022年底剩余天然气可采储量超过20万亿立方米，居中亚第一，世界第四，是近年来世界天然气储量增长最快的国家。近年来，中土关系发展迅速，当前已提升为全面战略伙伴关系，中土合作互补性较强，潜力巨大。

随着中国天然气产量远不能满足国内日益增长的天然气需求，开展海外天然气业务对保障中国的能源安全意义重大。因此，土库曼斯坦是中国在海外开展天然气业务合作的重要对象之一，天然气合作也成为了中土经贸合作的基石。为了能使在土库曼斯坦从事油气业务的中资企业更为透彻地了解当地的油气法律法规，规避油气合作中出现的商务问题，笔者认真研究了土库曼斯坦本国涉及油气的主要法律和法规。

本书将土库曼斯坦《矿产资源法》《油气资源法》《烃类气体和天然气供应法》进行了翻译汇编，希望能够为土库曼斯坦地区从事油气业务有关的公司在非技术风险研判方面提供微薄之力。

汇编资料收集、翻译和审校等人员为丛书的编译和出版付出了辛劳，笔者在此表示衷心的感谢！由于水平有限，加之时间仓促，错漏之处在所难免，望广大读者给予指正。

СОДЕРЖАНИЕ   目 录

第一部分   绪论

土库曼斯坦油气方面法律历史演化 ················· 2

Ⅱ О недрах
第二部分   矿产资源法

Глава Ⅰ. Общие положения ······ 6	第 1 章 总则 ················· 6
Глава Ⅱ. Государственное управление и контроль в области использования и охраны недр ······ 20	第 2 章 矿产资源使用和保护领域的国家监管················· 20
Глава Ⅲ. Пользование недрами ······ 36	第 3 章 矿产资源利用 ············ 36
Глава Ⅳ. Требования по рациональному, безопасному использованию и охране недр ······ 59	第 4 章 对矿产资源合理、安全利用和保护的要求 ················· 59
Глава Ⅴ. Геологическое изучение недр ······ 72	第 5 章 矿产资源的地质研究 ········ 72
Глава Ⅵ. Государственный учёт пользования недрами и состояния минерально-сырьевой базы ······ 82	第 6 章 对矿产资源的利用情况和矿物原料基地的状况进行国家统计··· 82
Глава Ⅶ. Государственный контроль за использованием и охраной недр ······ 93	第 7 章 对矿产资源的利用和保护进行国家监督················· 93

Глава Ⅷ. Платежи за пользование недрами	96	第 8 章　矿产资源的使用费	96
Глава Ⅸ. Ответственность за нарушение законодательства туркменистана о недрах. Разрешение споров в области использования и охраны недр	104	第 9 章　违反土库曼斯坦矿产资源法须承担的责任、矿产资源使用和保护领域的争议解决办法	104
Глава Ⅹ. Международное сотрудничество в области использования и охраны недр	106	第 10 章　矿产资源使用和保护领域的国际合作	106
Глава Ⅺ. Заключительные положения	108	第 11 章　最终条款	108

Ⅲ Об углеводородных ресурсах
第三部分　油气资源法

Глава Ⅰ. Общие положения	110	第 1 章　总则	110
Глава Ⅱ. Компетенция кабинета министров（правительства）туркменистана, концерна в области управления и использования углеводородных ресурсов	120	第 2 章　土库曼斯坦内阁（政府）、康采恩在油气资源管理和利用方面的职权	120
Глава Ⅲ. Лицензирование нефтяных работ	127	第 3 章　石油作业许可制度	127
Глава Ⅳ. Договоры	142	第 4 章　石油合同	142
Глава Ⅴ. Проведение нефтяных работ	146	第 5 章　石油作业	146
Глава Ⅵ. Права, обязанности и ответственность подрядчика и оператора	156	第 6 章　承包商及作业者的权利、义务和责任	156

Глава VII.Трубопроводный транспорт ………………………………… 162	第 7 章　管道 …………… 162
Глава VIII. Охрана окружающей среды, обеспечение безопасности здоровья населения ………… 166	第 8 章　环境保护、居民安全和健康保障……… 166
Глава IX. Финансовый и налоговый режим ………………………… 175	第 9 章　财税制度 ………… 175
Глава X. Правовые условия …… 197	第 10 章　法律条款 ………… 197
Глава XI. Заключительные положения ………………………………… 209	第 11 章　最终条款 ………… 209

IV Об углеводородном газе и газоснабжении
第四部分　烃类气体和天然气供应法

Глава I. Общие положения …… 216	第 1 章　总则 ……………… 216
Глава II. Государственное регулирование в газовой сфере и газоснабжении……………………… 222	第 2 章　国家对天然气领域和天然气供应的调控……………… 222
Глава III. Функционирование и развитие системы газоснабжения …228	第 3 章　天然气供应系统的职能作用和发展……………………… 228
Глава IV. Правовые основы газоснабжения……………………… 231	第 4 章　天然气供应的法律基础 … 231
Глава V. Транспортировка, хранение, учёт поставляемого газа……………………………………… 235	第 5 章　供应天然气的运输、储存和核算……………………… 235
Глава VI. Основы экономических отношений в сфере газоснабжения… 238	第 6 章　天然气供应领域的经济关系基础……………………… 238
Глава VII. Регулирование землепользования при строительстве и эксплуатации объектов системы газоснабжения……………………… 239	第 7 章　天然气供应系统设施建设和运行中的土地使用管理……… 239

| Глава VIII. Обеспечение безопасности систем газоснабжения ············ 241 | 第 8 章 天然气供应系统的安全保障············ 241 |

| Глава IX. Мобилизационная готовность объектов системы газоснабжения ············ 246 | 第 9 章 天然气供应系统设施的动迁准备············ 246 |

| Глава X. Заключительные положения ············ 247 | 第 10 章 最终条款············ 247 |

第一部分

绪　　论

土库曼斯坦油气方面法律历史演化

土库曼斯坦位于中亚西南部，其东南部与阿富汗为邻，南部是伊朗，西部濒临里海，东北部紧邻乌兹别克斯坦，北部与哈萨克斯坦接壤。土库曼斯坦拥有占独联体第2位、世界第12位的天然气储量，油气资源可谓十分丰富。随着油气价格在国际市场年复一年地上升，土库曼斯坦油气储量日益成为世界关注的焦点，尤其是里海的土库曼斯坦地区已经成为油气勘探的重点领域。土库曼斯坦国内经济并不发达，所需求的天然气数量不大，因此每年土库曼斯坦都有数量可观的天然气资源需要出口。虽然近年来天然气价格逐渐上涨，但碍于土库曼斯坦并无出海口，且陆上输送油气的管道能力还不够，因此其出口能力大大受到限制，通过油气资源的立法来引导国际公司对本国油气资源的投资显得尤为重要。土库曼斯坦与油气资源开发有关的法律主要包括《矿产资源法》和《油气资源法》，前者是对所有矿产资源的开发利用进行规定的法律，后者是专门针对油气资源开发利用进行规定的法律。除此之外，还包括环境、土地、矿山安全等方面的法律法规。1996年12月30日土库曼斯坦通过《油气资源法》，1997年3月生效实施，2005年进行了大幅度修改，2008年进行了较大幅度更新修订，2008年以后只进行局部修改完善。经过几次的修改，目前法律基本覆盖了与油气相关的各个方面。与中亚其他产油气国家相比，土库曼斯坦油气法律规定较为合理，土库曼斯坦没有强制性的油气国内销售义务要求。只有当国家出现紧急状况或国内出现严重短缺时，政府才有权优先购买油气，但购买价格为国际市场价格且以美元支付。当地油气含量也未对外国油气投资产生明显不利影响，土库曼斯坦针对当地员工就业的要求是：在签订合同一年后，合同者和分包商的雇佣员工中至少70%为土库曼斯坦人。

1. 1996年批准

土库曼斯坦《油气资源法》是1996年12月30日土库曼斯坦总统批准施行，次年生效。全文分为11章共61条，主管实体为政府委派的主管部门负责制定石油开发法规、招标、制定合同、进行谈判、发放许可等。由于制定该法时土库曼斯坦独立不久，国内形势不稳定，经济较为萧条，国家迫切需要利用本国资源实现经济独立与发展，因此，动荡的时代中应运而生的《油气资源法》具有十分重要的意义。

2. 2005年修订

2005年8月22日，土库曼斯坦总统尼亚佐夫签署总统令，批准对1996年12月30日土库曼斯坦议会通过的《油气资源法》进行修订。通过本次修订，强化了总统对资源开发的绝对控制权，提升了油气工业和矿产资源部在对外经济合作中的地位。将"主管机关""主管机关或康采恩"均改为"土库曼斯坦油气工业和矿产资源部";在里海油气资源勘探开发方面,明确了"土库曼斯坦油气工业和矿产资源部根据土库曼斯坦内阁主席(即总统本人)的决定代表土方与外国公司签订产品分成协议"。根据修订后的《油气资源法》,油气工业和矿产资源部除负责制定政策外,还将负责吸引外资、大型项目招投标、对外签订油气区块开发协议等工作。同时,该法削弱了油气生产和贸易企业(各康采恩❶、国家公司)的权力,通过撤换这些企业的领导,土库曼斯坦总统希望抑制腐败滋生,为对外经济合作创造公平、透明的环境。

3. 2008年更新

然而在2008年的8月20日,该国重新颁布了新的《油气资源法》取代之前的法律,更新了土库曼斯坦在调整石油和天然气资源勘探开采方面可依据的法律。新法规定,当其他法律与新法发生法律冲突的时候,优先适用新的《油气资源法》。其法律效力可谓相当的高。由此可见,土库曼斯坦政府迫切需要引进外国油气公司对其进行投资,因此十分努力地创造良好的法律环境。根据土库曼斯坦最新颁布实施的《油气资源法》,油气资源合同类型包括产品分成合同、矿税制特许合同、联合经营合同和风险服务合同,除上述的合同类型外,还可以根据实际情况的不同,签订混合型合同或其他类型合同。其中,对于风险服务合同、矿税制特许合同、产品分成合同,土库曼斯坦油气工业和矿产资源部代表政府一方进行签署,康采恩只能作为承包商参与进来。根据具体的油气工程情况和其他情况的特点,各合同可以相互结合起来采用。实际的情况中,土库曼斯坦最常采用的合同为产量分成合同及联合经营合同,且不只是单独采用一种合同模式而已,在很多项目中,往往会结合多种合同模式进行采用,并且合同类型也会随着项目不同时期的需要变更为另一种合同模式。

4. 2008年以后

后期修改只是局部完善,例如删除了部分地方机构或公司等字眼,第6条中加入了康采恩法律地位由土库曼斯坦法律确定等,总之变化较小,在此不逐一赘述。

---

❶ 土库曼斯坦由许多企业联合组成的集团。

II O недрах

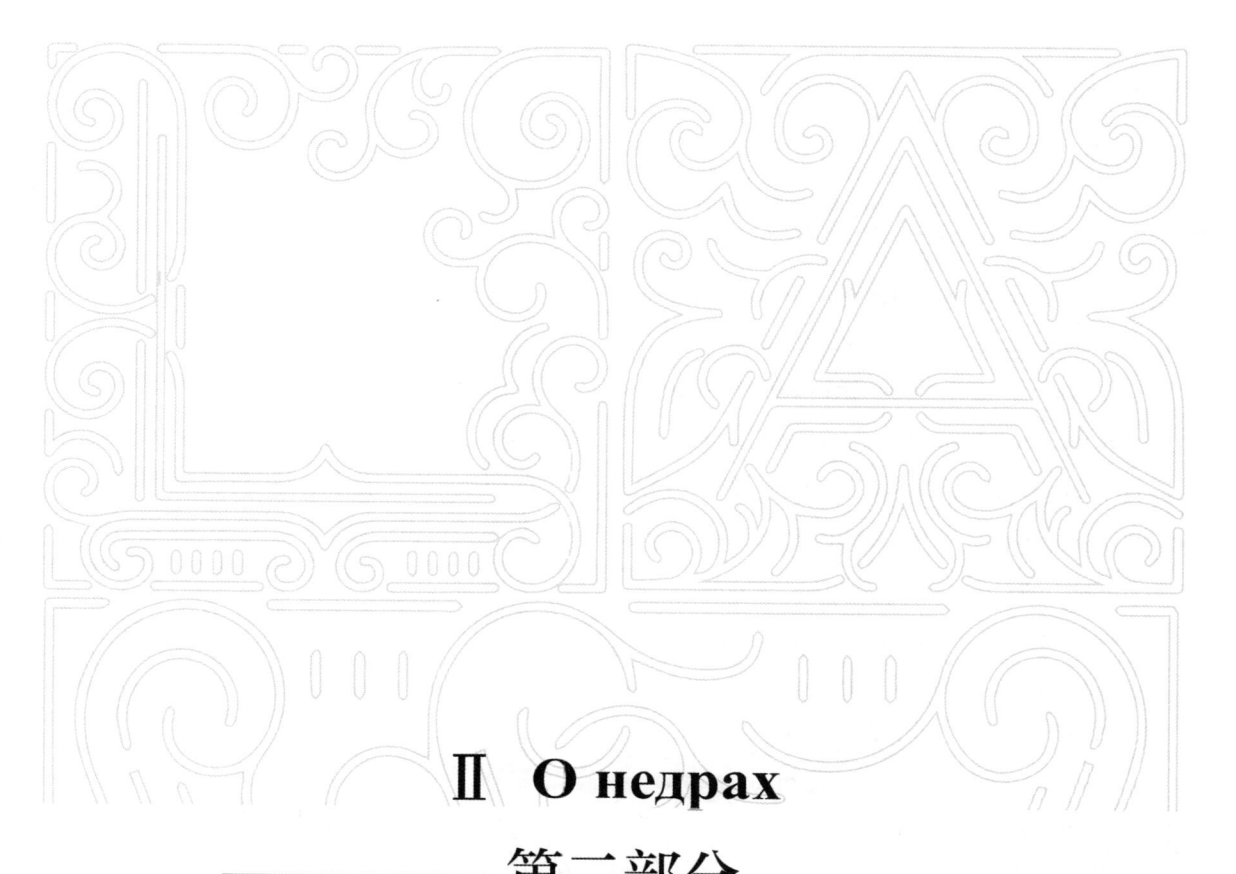

第二部分

矿产资源法

（Ведомости Меджлиса Туркменистана, 2014 г., № 4, ст. 161）

（С изменениями внесенным Законом Туркменистана от 05.01.2018 г. № 685-V）

Настоящий Закон регулирует отношения, возникающие в связи с геологическим изучением, использованием и охраной недр, добычей полезных ископаемых, и направлен на создание и расширение минерально-сырьевой базы, обеспечение защиты интересов государства и граждан Туркменистана в области недропользования, а также прав пользователей недр.

（土库曼斯坦议会公报，2014 年，第 4 期，第 161 条）

（根据 2018 年 1 月 5 日第 685-V 号土库曼斯坦法律修订）

本法用于调整地质研究、矿产资源利用和保护、矿产开采过程中出现的各种关系，旨在建立和扩大矿物原料基地，确保在矿产资源利用领域维护土库曼斯坦国家和公民的利益，同时保护矿产资源使用者的权利。

Глава Ⅰ. Общие положения

第 1 章 总 则

Статья 1. Основные понятия, используемые в настоящем Законе

第 1 条 本法使用的基本概念

В настоящем Законе используются следующие основные понятия：

本法使用了以下基本概念：

1) недра – часть земной коры, расположенная ниже почвенного слоя, а при его отсутствии – ниже земной поверхности и дна водных объектов, простирающаяся до глубин, доступных для геологического изучения и освоения;

2) буровая скважина – горная выработка, имеющая цилиндрическую форму и характеризующаяся значительной величиной отношения глубины к диаметру;

3) воспроизводство минерально-сырьевой базы – комплекс мероприятий (в том числе и проведение геологоразведочных работ), направленных на восполнение добытых запасов полезных ископаемых для обеспечения стабильной работы горных предприятий и других отраслей промышленности;

4) геологическая информация о недрах – совокупность материалов, содержащих сведения о геологических, геохимических, геофизических, гидрогеологических, геоморфологических, тектонических исследованиях, техническую документацию горных выработок, буровых скважин, данные о прогнозных ресурсах полезных ископаемых и балансовых запасах месторождения полезных ископаемых, участка работ и объектов на территории недропользования;

1) 矿产资源——是地壳的一部分，位于表层土壤以下，如果表层土壤缺失，则指地表和水体底部以下，延伸至地质研究和开发工作可达到的深度；

2) 钻井——圆柱形的矿山井巷，其特征在于深度与直径的比值明显；

3) 矿物原料基地再生产——指采用系列措施(包括地质勘探工作)以补充矿产资源开发储备，旨在确保矿业企业和其他工业行业的稳定运行；

4) 关于矿产资源的地质资料——综合资料，包含地质研究、地球化学研究、地球物理研究、水文地质研究、地貌研究、构造研究方面的资料，巷道和钻井的技术文件，矿产资源利用地区的矿区、工区和层系的矿产预测资源量和平衡表内储量方面的资料；

5) геологическое изучение недр- комплекс специальных исследовательских работ по изучению особенностей геологического строения земной коры, включающий в себя региональное геологическое изучение территории, поиски, оценку и разведку месторождений полезных ископаемых, определение количества и качества запасов полезных ископаемых и содержащихся в них полезных компонентов, технологических свойств полезных ископаемых и экономической ценности месторождений, а также инженерно-геологические изыскания для строительства объектов и изучение других свойств недр;

6) горная выработка- искусственная полость в земной коре, созданная в результате поиска, разведки, подготовки и добычи полезных ископаемых, а также при строительстве подземных сооружений;

7) горный отвод- геометризованный блок или участок недр, предоставляемый недропользователю для добычи полезных ископаемых, использования геотермальных ресурсов недр, строительства и (или) эксплуатации подземных сооружений, не связанных с добычей полезных ископаемых;

5) 矿产资源的地质研究——地壳地质构造特征的综合专项研究，包括矿区的区域地质研究、普查、评价和勘探，确定矿产及其中有用成分的储量和品质、矿产的技术特性和矿区的经济价值，以及为了工程建设而进行的工程地质勘察,矿产资源的其他特性研究；

6) 巷道——在矿产普查、矿产勘探、矿产准备和开发过程中，以及地下构筑物的建造过程中,在地壳中形成的人工空腔；

7) 矿区——向矿产资源使用者提供的含有矿产资源的几何地块或区块，用于矿产开采、地下地热资源使用、与矿产开采无关的地下构筑物的建设和(或)使用；

8) государственная экспертиза запасов полезных ископаемых– государственная экспертиза кондиций на минеральное сырьё для подсчёта запасов полезных ископаемых в недрах, материалов подсчёта разведанных запасов полезных ископаемых с определением подготовленности месторождения для промышленного освоения и утверждение запасов полезных ископаемых;

9) кондиции– совокупность экономически обоснованных требований к качеству и количеству запасов полезных ископаемых в недрах, горно-геологическим и иным условиям разработки месторождения, определяющих его пригодность для промышленного использования;

10) государственный баланс запасов полезных ископаемых– систематизированный свод данных о количестве, качестве, степени изученности запасов полезных ископаемых по месторождениям и степени их промышленного освоения в целях учёта состояния минерально-сырьевой базы по видам полезных ископаемых;

11) добыча полезных ископаемых– извлечение полезных ископаемых из недр в целях промышленного и иного хозяйственного использования их в природном виде или после первичной обработки (очистка, обогащение);

8）矿产储量国家评审——对用于计算矿产资源储量的矿物原料标准、确定准备工业开发级别的矿床的已探明储量计算材料进行国家鉴定,以及矿产储量的批复;

9）标准——对矿产资源的品质和储量规模、矿区开发的地质条件和其他条件提出的、经济上合理的和决定矿床是否适合工业利用的一系列要求的综合;

10）国家矿产储量平衡表——包含矿床矿产储量规模、品质、研究程度及其工业开采程度的资料系统性汇编,用于统计不同类型矿产矿物原料基地的现状;

11）矿产开采——为了工业利用和其他经济用途,以天然形式或经过初步处理(精制、分选)后从地下开采矿产;

12) общераспространённые полезные ископаемые– широко распространённые минералы и горные породы в разрушенном и（или）природном виде, используемые в естественном состоянии или с незначительной обработкой и очисткой для производства строительных материалов и хозяйственных нужд；

13) добыча общераспространённых полезных ископаемых и подземных вод пользователями недр для собственных нужд– добыча, осуществляемая на земельном участке, находящемся в собственности государства или на праве аренды, без намерения последующего совершения сделок в отношении добытых общераспространённых полезных ископаемых либо подземных вод；

14) горное предприятие– комплекс сооружений, необходимых для осуществления пользования недрами в целях добычи и эксплуатационной разведки полезных ископаемых, их первичной обработки（очистка, обогащение）, использования геотермальных ресурсов недр；

15) консервация горного предприятия– комплекс мероприятий, обеспечивающих временную остановку горных и связанных с ними работ, сохранение горных выработок и иных сооружений горного предприятия в состоянии, пригодном для их эксплуатации или иного целевого использования в будущем；

12）普通矿产——广泛分布的破碎的和（或）天然状态的矿物和岩石，可以其自然状态或经过微处理和精选后用于生产建筑材料和满足生产经营需要；

13）矿产资源使用者为了满足自身需求对普通矿产和地下水的开采——在国有土地或租赁土地上进行的开采，对于已开采的普通矿产或地下水不打算进行交易；

14）采矿企业——为了矿产开发和开发勘探、初步处理（精制、分选）、地热资源利用而使用矿产资源所必需的设施综合体；

15）采矿企业停业封存——暂时停止采矿和相关工作，保护采矿企业的巷道和其他设施，确保其状态满足未来继续开采或其他用途而使用的综合措施；

16）консервация горных выработок– комплекс мероприятий, временно исключающих доступ в подземные и открытые горные выработки и направленных на обязательное осуществление мер по обеспечению возможности приведения горных выработок, буровых скважин и иных подземных сооружений в состояние, пригодное для их эксплуатации в будущем;

17）ликвидация горного предприятия– комплекс мероприятий по ликвидации горных выработок, сносу и демонтажу зданий, сооружений, оборудования горного предприятия, исключающих возможность их дальнейшего использования и обеспечивающих охрану здоровья населения и окружающей среды, безопасность зданий и сооружений;

18）ликвидация горных выработок– комплекс мероприятий, направленных на обязательное осуществление мер, исключающих возможность использования подземных и открытых горных выработок;

19）месторождение полезных ископаемых– природное скопление полезного ископаемого, которое в количественном и качественном отношении и по условиям залегания может быть предметом промышленной разработки при данном состоянии техники и технологии в существующих экономических условиях;

16）巷道封存——一系列暂时禁止进入地下和露天巷道的措施，旨在强制实施这些措施，以确保巷道、钻井和其他地下构筑物处于未来能够使用的状态；

17）采矿企业的清算——巷道报废、采矿企业的建筑物、构筑物和设备拆除等一系列综合措施，旨在排除其进一步使用的可能性，并确保居民健康和环境保护、建筑物和构筑物的安全；

18）巷道报废——采取一系列强制措施，禁止地下和露天巷道继续使用；

19）矿床——矿产的自然堆积，根据其数量、品质及埋藏条件，在现有经济条件和现有技术和工艺状态下，可以成为工业开发的目标；

20) минералогические, палеонтологические и другие геологические коллекционные материалы– образцы минералов, горных пород и руд, окаменелых остатков флоры и фауны, которые могут быть использованы для создания и пополнения коллекций научного, художественно-декоративного и иного назначения, а также в качестве материала для художественных и иных промыслов;

21) минеральное сырьё– извлечённая на поверхность горная порода, рудное сырьё, содержащие полезные ископаемые, за исключением пресных, лечебных, геотермальных вод и углеводородного сырья;

22) минерально-сырьевая база– совокупность разведанных и предварительно оценённых запасов и ресурсов полезных ископаемых в недрах;

23) недропользователь (пользователь недр) – физическое или юридическое лицо, обладающее правом пользования недрами;

24) опытно-промышленная добыча– добыча полезных ископаемых, проводимая на этапе оценочных работ в целях уточнения имеющейся и получения дополнительной информации о геологическом строении соответствующего участка недр, горно-геологических условиях отработки, количественном и минеральном составе полезных ископаемых, технологии переработки руд, выборе горного оборудования и способе эксплуатации месторождения;

20) 矿物学、古生物学和其他地质收藏材料——矿物、岩石、矿石样品及动植物化石残留物,它们可用于创建和补充科学、装饰艺术和其他目的的收藏品,以及作为艺术和其他行业的材料;

21) 矿物原料——采出到地表、其内含有矿产的岩石和矿石原料,淡水、医用水、地热水和碳氢化合物原料除外;

22) 矿物原料基地——已探明的和经过初步估算的地下矿产储量和资源量的综合;

23) 矿产资源使用者——有权利用矿产资源的个人或法人;

24) 工业试采——在评估阶段进行的矿产开采,为获取有关矿产资源区地质结构、矿山—地质开采条件、矿产规模和矿物成分、矿石加工工艺、采矿设备的选择和矿床开采方法等方面的资料,以及对现有资料的补充。

25）основное полезное ископаемое- полезное ископаемое, определяющее промышленное значение месторождения, основное направление использования данного месторождения и имеющее наиболее высокое содержание в исходном сырье или наиболее высокий удельный вес в запасах месторождения;

26）рациональное использование недр- комплекс правовых, организационных, технических, природоохранных и иных мероприятий, обеспечивающих наиболее полное извлечение полезных ископаемых и эффективное использование иных ресурсов недр, предотвращение загрязнения недр при проведении работ, связанных с недропользованием, снижение вредного влияния указанных работ, а также охрану иных компонентов окружающей природной среды при пользовании недрами;

27）охранный целик- запасы полезных ископаемых в недрах, расположенные в пределах охранных зон крупных водных объектов, в пределах границ населённых пунктов, капитальных сооружений и сельскохозяйственных объектов, государственных природных заповедников, национальных природных парков, государственных памятников природы, истории и культуры и других особо охраняемых природных территориях, а также часть залежи (пласта) полезного ископаемого, не извлеченная или временно не извлекаемая из недр в процессе разработки месторождения в целях обеспечения сохранности горной выработки и наземных сооружений;

25）主要矿产——具有工业价值和主要应用方向的矿产，并且在矿物原料中含量最高或在矿床储量中占比最高的矿产;

26）合理利用矿产资源——采取一系列法律、组织、技术、环境保护和其他方面的综合措施,确保充分地开采矿产和有效利用其他矿产资源,防止在进行与矿产资源利用有关的作业时污染矿产资源,并降低该作业的有害影响,同时在利用矿产资源的过程中对自然环境的其他组成部分进行保护;

27）保安矿柱——位于大型水体保护区、居民定居点、永久性构筑物和农业设施、国家自然保护区、国家自然公园与国家自然、历史和文化遗迹及其他特别自然保护区以内的矿产资源,以及在矿床开发过程中,未开采或者暂时未开采的部分矿藏（矿产层）,以确保巷道和地面设施的安全;

28) переработка минерального сырья- работы, связанные с извлечением полезных компонентов из минерального сырья;

29) поисково-разведочные работы- комплекс работ, проводимых в целях открытия месторождений полезных ископаемых, оценки их промышленного значения;

30) полезные ископаемые- природные минеральные образования, углеводороды и подземные воды, которые находятся в твёрдом, жидком или газообразном состоянии в недрах и химический состав и физические свойства которых позволяют эффективно использовать их в сфере материального производства;

31) попутные полезные ископаемые- минеральные комплексы (горные породы, руды, подземные воды, рассолы, попутные нефтяные газы и газовый конденсат), минералы, металлы и другие химические элементы и их соединения, сопряжённые и добываемые с основным полезным ископаемым, добыча и переработка которых при разработке основного полезного ископаемого являются рентабельными и хозяйственное использование которых является экономически целесообразным;

32) разведка (геологоразведочные работы) - работы, связанные с детальным геологическим изучением обнаруженных при поисках месторождений полезных ископаемых с оценкой их запасов и качества;

28) 矿物原料加工——与从矿物原料中提取有用组分的相关工作;

29) 预探和详探作业——为发现矿床、评估其工业意义而进行的一系列工作;

30) 矿产——天然的矿料、烃类和地下水,它们在地下呈固态、液态或气态,其化学成分和物理特性使其能够在材料生产方面得到有效利用;

31) 伴生矿产——与主要矿产相伴生且可同时开发的矿物组合(岩石、矿石、地下水、矿水、伴生石油气和天然气凝析油)、矿物、金属和其他化学元素及其化合物,在开发主要矿产时,其开采和加工具有成本效益且经济上可行;

32) 勘探(地质勘探作业)——矿产普查过程中对已发现的矿产进行详细地质研究并评估其储量和品质的工作;

33）разработка месторождений- комплекс взаимосвязанных горных работ, проводимых в целях добычи полезных ископаемых;

34）разубоживание- снижение содержания полезного компонента при добыче полезного ископаемого вследствие примешивания к нему пустых пород или некондиционного сырья;

35）техногенные минеральные образования- скопление минеральных образований, горных пород, жидкостей и смесей, содержащих полезные компоненты, являющихся отходами горнодобывающих, горно-обогатительных, металлургических и других видов производств недропользователей и пригодных для промышленного использования;

36）трансграничное месторождение полезных ископаемых- участок недр, в котором локализовано полезное ископаемое, пересекающий государственную границу сопредельных государств;

37）трансграничная геологическая структура- переходящие через государственную границу геологические образования, в которых залегают или могут залегать единые для сопредельных государств трансграничные месторождения полезных ископаемых;

38）участок недр- часть недр с определёнными пространственными границами, имеющая характеристики, отражаемые в государственном кадастре недр и акте, удостоверяющем горный отвод;

33）矿床开发——为开采矿产而进行的相互关联的综合采矿作业；

34）贫化——在矿产开采过程中由于混入废石或不合格原料而导致有用组分的含量下降；

35）技术成因矿料——含有有用组分的矿料、岩石、液体和混合物的集合，是矿产资源使用者采矿、选矿、冶金和其他类型生产的废料，适合工业利用；

36）跨界矿床——跨越邻国国界的矿产资源区内的矿床；

37）跨界地质构造——跨越国界的地质构成，其中存在或可能存在与邻国统一的跨界矿床；

38）矿产资源区——具有确定空间边界的矿产资源部分，其特征反映在国家矿产资源清册和矿山用地的证明文件中；

39) углеводородные ресурсы– сырая нефть и природный газ, а также все производные или добытые вместе с ними компоненты;

40) нефтяные работы– все работы по разведке и добыче углеводородов, осуществляемые в соответствии с Законом Туркменистана «Об углеводородных ресурсах» и договором, заключённым в соответствии с этим Законом.

Статья 2. Законодательство Туркменистана о недрах

1. Законодательство Туркменистана о недрах основывается на Конституции Туркменистана и состоит из настоящего Закона и иных нормативных правовых актов Туркменистана, регулирующих отношения в области использования и охраны недр.

2. Отношения, связанные с использованием и охраной атмосферного воздуха, земель, вод, растительного и животного мира, водных биологических ресурсов, в том числе в туркменском секторе Каспийского моря, возникающие при пользовании недрами, регулируются иными нормативными правовыми актами Туркменистана.

39）油气资源——原油和天然气，以及次生或与之共同采出的组分；

40）石油作业——根据土库曼斯坦《油气资源法》和本法签订的协议而进行的所有油气勘探和开采作业。

第2条 土库曼斯坦的矿产资源法

1. 土库曼斯坦矿产资源法是以土库曼斯坦宪法为基础，由本法和其他调节矿产资源利用和保护方面关系的土库曼斯坦标准规范组成。

2. 在矿产资源利用过程中发生的，与空气、土地、水、动物、植物、水生生物资源（包括里海的土库曼斯坦境内水域）的使用和保护有关的关系，由土库曼斯坦其他标准法规调节。

3. Отношения, возникающие в процессе выполнения нефтяных работ, регулируются Законом Туркменистана «Об углеводородных ресурсах», если иное не оговорено настоящим Законом.

4. Если международным договором Туркменистана установлены иные правила, чем содержащиеся в настоящем Законе, то применяются правила международного договора.

Статья 3. Цели и задачи настоящего Закона

1. Целями настоящего Закона является регулирование отношений в области недропользования, обеспечение защиты интересов Туркменистана и его граждан, а также прав пользователей недр и защита природных ресурсов.

2. Задачами настоящего Закона является установление правовых гарантий и создание условий для обеспечения экономического роста страны и благосостояния народа Туркменистана, укрепление законности в области недропользования, обеспечение воспроизводства минерально-сырьевой базы, создание благоприятных условий для привлечения инвестиций, рационального, комплексного использования и обеспечения охраны недр, окружающей среды и безопасного ведения работ, связанных с пользованием недрами.

3. 石油作业过程中产生的关系由土库曼斯坦《油气资源法》调节，本法另有规定的除外。

4. 如果土库曼斯坦的国际条约与本法规定不一致，则适用国际条约的规定。

第3条 本法的目的和任务

1. 本法旨在调节矿产资源利用领域内的各种关系，保障土库曼斯坦及其公民的利益，维护矿产资源使用者的权利，并保护自然资源。

2. 本法的任务是建立法律保障并创造有利条件，以确保国家经济增长和土库曼斯坦人民的福祉，加强矿产资源利用领域的法治，确保矿物原料基地的再生产，创造有利条件以吸引投资、合理综合利用和保护矿产资源、自然环境，以及保障与矿产资源利用有关的工程作业安全。

Статья 4. Основные принципы использования и охраны недр

Использование и охрана недр осуществляются на основе следующих основных принципов:

1) полноты и комплексности геологического изучения недр;

2) рационального и эффективного использования недр и их охраны;

3) нормирования в области использования и охраны недр;

4) платности пользования недрами, за исключением случаев, предусмотренных настоящим Законом и иными нормативными правовыми актами Туркменистана;

5) обеспечения техники безопасности при осуществлении работ и охраны жизни и здоровья населения, имущества граждан, в том числе индивидуальных предпринимателей и юридических лиц, а также имущества, находящегося в собственности государства;

6) предотвращения вредного воздействия на недра, окружающую среду и здоровье населения.

第 4 条 使用和保护矿产资源的基本原则

矿产资源的利用和保护应遵循以下基本原则：

1）全面、系统地开展矿产资源地质研究；

2）合理、有效地利用和保护矿产资源；

3）矿产资源使用和保护领域的规范性；

4）除非本法和土库曼斯坦其他标准法规另有规定，矿产资源利用采用有偿收费制；

5）确保工作过程中的技术安全，保护居民的生命和健康，保护公民的财产，包括个体企业家和法人，以及国有财产；

6）防止对矿产资源、环境和居民健康造成有害影响。

Статья 5. Право собственности на недра

1. Недра и их ресурсы в естественном состоянии на всей территории Туркменистана, включая туркменский сектор Каспийского моря, являются общенациональным достоянием народа Туркменистана и исключительной собственностью государства и предоставляются государством только в пользование.

2. Соглашения или действия, в прямой или косвенной форме нарушающие право собственности государства на недра, являются недействительными.

3. Участки недр не могут быть предметом купли-продажи, дарения, наследования, вклада, залога или отчуждаться в иной форме.

4. Право распоряжения недрами и их ресурсами, а также определение пользователя недр принадлежит Кабинету Министров Туркменистана.

第 5 条　矿产资源的所有权

1. 土库曼斯坦全境包括里海的土库曼斯坦境内水域，以自然状态存在于地下的所有资源，均为土库曼斯坦人民的全民财产，属国家的专有财产，国家仅提供使用。

2. 直接或间接侵犯国家对矿产资源所有权的协议或行为，视为无效。

3. 矿产资源区不得作为买卖、捐赠、继承、投资、质押的对象或以其他形式转让。

4. 土库曼斯坦内阁享有矿产资源的支配权，并有权确定矿产资源的使用者。

Глава Ⅱ. Государственное управление и контроль в области использования и охраны недр

第 2 章 矿产资源使用和保护领域的国家监管

Статья 6. Органы, осуществляющие государственное управление и контроль в области использования и охраны недр

第 6 条 矿产资源使用和保护领域的国家监管机关

1\. Государственное управление и контроль в области использования и охраны недр осуществляются Кабинетом Министров Туркменистана, уполномоченными государственными органами в области использования и охраны недр, местными органами исполнительной власти и органами местного самоуправления.

2\. К уполномоченным государственным органам в области использования и охраны недр относятся:

1) уполномоченный государственный орган в области геологии;

1. 土库曼斯坦内阁、矿产资源使用和保护行业的授权国家机关、地方权力执行机关和地方自治机关实施对矿产资源使用和保护领域的国家监管。

2. 矿产资源使用和保护领域的授权国家机关包括：

1）地质领域的国家授权机关；

2) уполномоченный государственный орган в области контроля за рациональным использованием и охраной недр, безопасным ведением работ, связанных с пользованием недрами;

3) уполномоченный государственный орган в области охраны природы;

4) уполномоченный государственный орган в области нефтегазовой промышленности и минеральных ресурсов;

5) уполномоченный государственный орган в области добычи нефти;

6) уполномоченный государственный орган в области добычи газа;

7) уполномоченный государственный орган в области промышленности строительных материалов;

8) уполномоченный государственный орган в области химической промышленности.

Статья 7. Компетенция Кабинета Министров Туркменистана в области использования и охраны недр

1. Кабинет Министров Туркменистана:

2）对合理利用和保护矿产资源、安全开展与矿产资源利用相关工作进行监督的国家授权机关；

3）自然保护领域的国家授权机关；

4）油气工业和矿物资源领域的国家授权机关；

5）石油开采领域的国家授权机关；

6）天然气开采领域的国家授权机关；

7）建筑材料工业领域的国家授权机关；

8）化学工业领域的国家授权机关。

第7条 土库曼斯坦内阁在矿产资源利用和保护领域的权限

1. 土库曼斯坦内阁：

1) определяет и реализует государственную политику в области недропользования, обеспечивает комплексное геологическое изучение недр, определяет стратегию использования, темпов добычи полезных ископаемых и воспроизводства, расширения минерально-сырьевой базы путём разработки и реализации государственных программ;

2) принимает нормативные правовые акты в области использования и охраны недр;

3) проводит антимонопольную политику в области недропользования;

4) разрабатывает и реализует государственную инвестиционную политику в области недропользования;

5) координирует разработку и совершенствование системы платного недропользования, изучения конъюнктуры рынков минеральных ресурсов, сырья и товарной продукции;

6) регулирует вопросы рационального и безопасного использования и охраны недр в соответствии с настоящим Законом;

7) формирует систему организаций, обеспечивающих хранение и систематизацию геологической и иной информации о недрах;

8) устанавливает порядок ведения государственного мониторинга состояния недр;

1)制定和实施矿产资源利用领域的国家政策,确保对矿产资源进行综合地质研究,确定矿产利用、开采速度和通过制定和实施国家计划再现和扩大矿物原料基地的战略;

2)通过矿产资源利用和保护领域的标准法规;

3)在矿产资源利用领域实行反垄断政策;

4)制定和实施在矿产资源利用领域的国家投资政策;

5)协调制定和完善矿产资源的有偿使用制度,研究矿物资源、原料和商品的市场行情;

6)根据本法调节矿产资源的合理、安全使用和保护问题;

7)建立组织系统,以确保矿产资源地质资料和其他信息资料的存储和分类管理;

8)建立对矿产资源状态进行国家监控的程序;

9) утверждает проекты классификаций запасов и ресурсов месторождений полезных ископаемых;

10) решает иные вопросы, входящие в его компетенцию, в соответствии с настоящим Законом и иными нормативными правовыми актами Туркменистана.

2. Государственная комиссия по запасам полезных ископаемых при Кабинете Министров Туркменистана (далее – Комиссия по запасам):

1) организует государственную геолого-экономическую экспертизу технико-экономических обоснований проектов кондиций на минеральное сырьё;

2) утверждает кондиции для подсчёта запасов полезных ископаемых в недрах и их учёта на государственном балансе, утверждает материалы и параметры участков недр, пригодных для использования в целях, не связанных с добычей полезных ископаемых, представляет информацию для их государственного учёта;

3) организует государственную экспертизу геологической информации о недрах, запасов полезных ископаемых по результатам геологического изучения месторождений, материалов оценки ресурсов территорий, включая туркменский сектор Каспийского моря, рассматривает эти материалы с участием заинтересованных пользователей недр;

9）批准矿床储量和资源量的分类草案；

10）根据本法和土库曼斯坦其他标准法规解决其职权范围内的其他问题。

2. 土库曼斯坦内阁下设的国家矿产储量委员会（以下简称储量委员会）：

1）对矿物原料的标准草案的可行性进行国家地质和经济评审；

2）批准地下矿产储量的计算标准和国家平衡表内储量的统计标准，批准适合用于非矿产开采目的的矿产资源区的材料和参数，为国家矿产资源统计提供资料；

3）对矿产资源的地质资料、矿产储量，包括里海土库曼斯坦境内水域在内地区资源量的评估资料进行国家评审，并组织有意向的矿产资源使用者参与研究；

4) утверждает запасы полезных ископаемых в недрах в соответствии с действующими классификациями запасов и ресурсов месторождений полезных ископаемых, определяет степень перспективности или бесперспективности участков недр, предлагаемых для строительства подземных сооружений, не связанных с добычей полезных ископаемых, промышленного освоения или иных целей;

5) выполняет экспертизу материалов геологической информации о запасах полезных ископаемых и иных свойствах недр в связи с переоценкой запасов полезных ископаемых по результатам эксплуатационных работ и необходимостью пересмотра условий их пользования;

6) ведёт государственный мониторинг состояния запасов полезных ископаемых в недрах;

7) выдаёт заключения о коммерческом открытии месторождений полезных ископаемых, подготовленности месторождений к проектированию, оценке и разведке, разработке, обустройству месторождений и вводу их в пробную эксплуатацию и промышленную разработку;

8) разрабатывает с участием заинтересованных предприятий, организаций и учреждений проекты классификаций запасов и ресурсов месторождений полезных ископаемых и в установленном порядке представляет их на утверждение в Кабинет Министров Туркменистана;

4）根据现行的矿产储量和资源量分类法，批复地下矿产储量。针对拟用于建造与矿产开采、工业开发或其他用途无关的地下设施的矿产资源区，确定其是否具有资源前景；

5）根据开采作业结果对矿产储量进行重新估算，以及必要时修订其使用条件，需对矿产储量和矿产资源的其他特性进行评审；

6）对地下矿产储量的状况进行国家监测；

7）对矿床的商业发现、矿床设计、评价和勘探、开发、地面设备安装和投入试开采及工业开发的准备情况作出结论；

8）在有关企业、组织和机构的参与下，制定矿床储量和资源量的分类草案，并按规定的程序提交土库曼斯坦内阁批准；

9) представляет в уполномоченный государственный орган в области геологии информацию об утверждённых запасах полезных ископаемых для составления государственного баланса запасов полезных ископаемых;

10) выдаёт заключения о целесообразности списания с государственного баланса запасов полезных ископаемых (кроме общераспространённых) и необходимости их геологической, количественной и экономической переоценки;

11) решает иные вопросы, входящие в её компетенцию, в соответствии с настоящим Законом и иными нормативными правовыми актами Туркменистана.

Статья 8. Компетенция уполномоченных государственных органов в области использования и охраны недр

1. Уполномоченный государственный орган в области геологии:

1) осуществляет проведение работ по геологическому изучению недр, геологоразведочные работы по поиску и разведке месторождений полезных ископаемых на территории Туркменистана;

2) осуществляет государственную регистрацию работ по геологическому изучению недр;

9) 向地质领域的国家授权机关提交已批复的矿产储量资料，以编制国家矿产储量平衡表；

10) 就从国家平衡表中注销矿产储量（普通矿产除外）的合理性及其地质方面、数量和经济重新评估的必要性作出结论；

11) 根据本法和土库曼斯坦其他标准法规解决其职权范围内的其他问题。

第 8 条　国家授权机关在矿产资源使用和保护领域的权限

1. 地质领域的国家授权机关：

1) 在土库曼斯坦境内开展矿产资源的地质研究工作、矿床普查和勘探的地质勘探工作；

2) 对矿产资源的地质研究工作进行国家登记；

3) осуществляет государственный учёт месторождений полезных ископаемых, а также участков недр, используемых для строительства подземных сооружений, не связанных с добычей полезных ископаемых;

4) составляет карты геолого-геофизической изученности, включая, но ограничиваясь ими, координаты, профили и карты горных выработок, карты месторождений полезных ископаемых и участков недр, используемых для любых целей;

5) устанавливает порядок ведения государственного учёта и государственного реестра работ по геологическому изучению недр;

6) ведёт государственный баланс запасов полезных ископаемых, в том числе подземных вод;

7) ведёт государственный кадастр месторождений и проявлений полезных ископаемых, в том числе месторождений подземных вод;

8) ведёт государственный мониторинг состояния недр;

9) в целях поиска и разведки месторождений твёрдых видов полезных ископаемых осуществляет работы по бурению поисковых и оценочных скважин;

3) 对矿床及用于建设与矿产开采无关的地下设施的矿产资源区块进行国家登记编册；

4) 绘制地质和地球物理研究程度图，包括但不限于坐标、剖面图和巷道地图、矿床和用于任何用途的矿产资源区块分布图等；

5) 针对矿产资源的地质研究工作，制定国家统计和国家登记入册的程序；

6) 编制包括地下水在内的国家矿产资源储量平衡表；

7) 对包括地下水资源区在内的矿床和矿产出露区均编入国家矿藏志；

8) 对矿产资源现状进行国家监测；

9) 为了普查和勘探固体矿产，可以通过钻探普查井和评价井实现；

10) осуществляет государственный геологический контроль за соблюдением законодательства Туркменистана о геологическом изучении недр и геологоразведочных работах;

11) осуществляет государственный контроль за охраной месторождений подземных вод от истощения и загрязнения;

12) выдаёт разрешение на поиск, разведку и эксплуатацию месторождений подземных вод;

13) решает иные вопросы, входящие в его компетенцию, в соответствии с настоящим Законом и иными нормативными правовыми актами Туркменистана.

2. Уполномоченный государственный орган в области контроля за рациональным использованием и охраной недр, безопасным ведением работ, связанных с пользованием недрами:

1) осуществляет контроль за соблюдением всеми физическими и юридическими лицами – пользователями недр требований законодательства Туркменистана о рациональном использовании и охране недр, а также о безопасном ведении работ, связанных с пользованием недрами;

2) предоставляет горные отводы для разработки месторождений полезных ископаемых (кроме общераспространённых полезных ископаемых) в порядке, установленном законодательством Туркменистана;

10）开展国家地质监督，确保遵守土库曼斯坦矿产资源的地质研究和地质勘探作业相关的法律；

11）对地下水资源的保护情况进行国家监测，防止枯竭和污染；

12）颁发地下水资源普查、勘探和开采许可证；

13）根据本法和土库曼斯坦其他标准法规解决其职权范围内的其他问题。

2. 对合理利用和保护矿产资源、安全开展与矿产资源利用相关工作进行监督的国家授权机关：

1）对所有的自然人和法人——矿产资源使用者对土库曼斯坦关于矿产资源合理利用和保护，以及安全开展与矿产资源利用相关工作的法律要求的遵守情况进行监督；

2）按照土库曼斯坦法律规定的程序，为矿床（普通矿产除外）开发提供矿山用地；

3) осуществляет государственный контроль за безопасным ведением горных и горнорудных работ, проектированием горных производств и объектов в целях предупреждения и устранения вредного воздействия на население, окружающую среду, здания, сооружения и иные объекты, а также за проведением работ, связанных с пользованием недрами;

4) решает иные вопросы, входящие в его компетенцию, в соответствии с настоящим Законом и иными нормативными правовыми актами Туркменистана.

3. Уполномоченный государственный орган в области охраны природы:

1) осуществляет государственный контроль за использованием и охраной недр в части предотвращения загрязнения недр при проведении всех видов работ, в том числе связанных с пользованием недрами, при подземном хранении нефти, газа или иных веществ и материалов, захоронении вредных веществ и отходов производства, сбросе сточных вод;

2) участвует в разработке государственного кадастра недр в соответствии с законодательством Туркменистана;

3) решает иные вопросы, входящие в его компетенцию, в соответствии с настоящим Законом и иными нормативными правовыми актами Туркменистана.

3）对采矿和矿石开采作业的安全管理、采矿业和项目设计实施国家监督，以防止和消除对居民、环境、建筑物、构筑物和其他设施的有害影响，同时对矿产资源利用有关的工作进行国家监督；

4）根据本法和土库曼斯坦其他标准法规解决其职权范围内的其他问题。

3. 自然保护领域的国家授权机关：

1）实施对矿产资源利用和保护的国家监督，监督所有工种，尤其与矿产资源利用有关的工种，以防止矿产资源被污染，例如石油、天然气或其他物质和材料的地下储存、有害生产物质和废料的掩埋，以及废水排放等；

2）根据土库曼斯坦法律参与国家矿产资源清册的编制；

3）根据本法和土库曼斯坦其他标准法规解决其职权范围内的其他问题。

4. Уполномоченный государственный орган в области нефтегазовой промышленности и минеральных ресурсов:

1) осуществляет анализ обеспеченности нефтегазовыми и минерально-сырьевыми ресурсами территории Туркменистана и контроль за их рациональным использованием;

2) осуществляет анализ выполнения экологических нормативов и правил в области охраны окружающей среды на объектах нефтегазового комплекса Туркменистана;

3) решает иные вопросы, входящие в его компетенцию, в соответствии с настоящим Законом и иными нормативными правовыми актами Туркменистана.

5. Уполномоченный государственный орган в области добычи нефти:

1) осуществляет разработку нефтегазовых месторождений и добычу нефти и попутного нефтяного газа;

2) осуществляет бурение эксплуатационных скважин для достижения запланированных уровней добычи нефти, а также в необходимых случаях после завершения поиска месторождения полезных ископаемых или его участков – бурение эксплуатационно-разведочных скважин с извлечением керна;

3) осуществляет эксплуатацию, исследование, подземный и капитальный ремонт буровых скважин, а также интенсификацию добычи нефти;

4. 油气工业和矿物资源领域的国家授权机关：

1) 分析土库曼斯坦境内油气资源和矿物原料资源的保障程度，并对其合理使用进行监督；

2) 分析土库曼斯坦油气综合设施在环境保护领域的环境标准和规范的执行情况；

3) 根据本法和土库曼斯坦其他标准法规解决其职权范围内的其他问题。

5. 石油开采领域的国家授权机关：

1) 进行油气田的开发及石油和伴生石油气的开采；

2) 对生产井进行钻探以达到计划的产油水平，必要时，在完成矿床或其所在地区的普查工作之后，钻探生产井、探井并提取岩心；

3) 进行钻井开采、试井、井下修井和大修，同时强化采油；

4) решает иные вопросы, входящие в его компетенцию, в соответствии с настоящим Законом и иными нормативными правовыми актами Туркменистана.

6. Уполномоченный государственный орган в области добычи газа:

1) осуществляет разработку газовых и газоконденсатных месторождений;

2) организует и осуществляет работы по переработке газа, реализации газа и продуктов его переработки на экспорт, закупке необходимого оборудования и материалов, маркетингу во внешнеэкономической деятельности;

3) разрабатывает долгосрочные и краткосрочные программы развития и увеличения производственных мощностей по добыче газа и газового конденсата, подготовки, переработки и транспортировки природного газа, а также экспорта газа и продуктов его переработки;

4) осуществляет производство продукции путём переработки природного газа, а также её хранение;

5) осуществляет транспортировку природного газа, продуктов его переработки и газового конденсата до потребителей и за пределы территории Туркменистана;

6) осуществляет реализацию газового конденсата, природного газа и продуктов его переработки потребителям Туркменистана, а также экспорт природного газа и продуктов его переработки;

4）根据本法和土库曼斯坦其他标准法规解决其职权范围内的其他问题。

6. 天然气开采领域的国家授权机关：

1）进行气田和凝析气田的开发；

2）组织和开展天然气加工、天然气及其加工产品的出口销售、必要设备和材料的购置、对外经济活动的营销工作；

3）制定长期和短期计划，以发展和扩大天然气和凝析气生产能力，包括天然气的制备、处理、加工和运输，以及天然气及其加工产品的出口；

4）通过天然气加工进行产品生产和储存；

5）向消费者和土库曼斯坦境外运输天然气、天然气加工产品和凝析油；

6）向土库曼斯坦消费者销售凝析气、天然气及其加工产品，同时出口天然气及其加工产品；

7) осуществляет бурение эксплуатационных скважин для достижения запланированных уровней добычи природного газа, а также в необходимых случаях после завершения поиска месторождения полезных ископаемых или его участков – бурение эксплуатационно-разведочных скважин с извлечением керна;

8) осуществляет эксплуатацию, исследование, подземный и капитальный ремонт буровых скважин, а также интенсификацию добычи газа;

9) осуществляет проведение геофизических работ с использованием передовых методов;

10) выполняет работы по предупреждению возникновения нефтегазовых фонтанов и ликвидации последствий при их возникновении, газоспасательные работы на объектах нефтегазовой отрасли;

11) решает иные вопросы, входящие в его компетенцию, в соответствии с настоящим Законом и иными нормативными ми правовыми актами Туркменистана.

7. Уполномоченный государственный орган в области промышленности строительных материалов:

1) осуществляет разработку месторождений и добычу полезных ископаемых для производства строительных материалов;

2) решает иные вопросы, входящие в его компетенцию, в соответствии с настоящим Законом и иными нормативными ми правовыми актами Туркменистана.

7）对生产井进行钻探，以达到计划的天然气生产水平，必要时，在完成矿床或其所在区块的勘查工作之后，钻探生产井、探井并提取岩心；

8）进行钻井开采、试井、井下修井和大修，同时强化采气；

9）采用先进方法开展物探工作；

10）开展油气井喷预防和其发生后的处理工作，开展油气工业设施的瓦斯事故急救工作；

11）根据本法和土库曼斯坦其他标准法规解决其职权范围内的其他问题。

7. 建筑材料工业领域的国家授权机关：

1）进行矿床开发和矿产开采，以生产建筑材料；

2）根据本法和土库曼斯坦其他标准法规解决其职权范围内的其他问题。

8. Уполномоченный государственный орган в области химической промышленности:

1) осуществляет разработку месторождений и добычу полезных ископаемых для производства химической продукции;

2) решает иные вопросы, входящие в его компетенцию, в соответствии с настоящим Законом и иными нормативными правовыми актами Туркменистана.

Статья 9. Компетенция местных органов исполнительной власти и органов местного самоуправления в области использования и охраны недр

1. Местные органы исполнительной власти:

1) принимают участие в решении вопросов, связанных с соблюдением экономических, социальных и экологических интересов населения, при предоставлении участков недр в пользование на подведомственной им территории;

2) предоставляют в пользование земельные участки для проведения работ по геологическому изучению недр без изъятия земельных участков у землепользователей;

8. 化学工业领域的国家授权机关：

1）进行矿床开发和矿产开采，以生产化学产品；

2）根据本法和土库曼斯坦其他标准法规解决其职权范围内的其他问题。

第9条 地方权力执行机关在矿产资源利用和保护领域的权限

1. 地方权力执行机关：

1）当提供所辖地区内的矿产资源区供使用时，参与解决与维护居民的经济、社会和环境利益相关的问题；

2）提供地块用于开展矿产资源的地质研究工作，该地块不从土地使用者处收回；

3) предоставляют земельный отвод в целях недропользования в порядке, установленном земельным законодательством Туркменистана;

4) вводят ограничения на пользование участками недр на подведомственной им территории в случае, если это пользование может оказать негативное воздействие или нанести ущерб здоровью населения и окружающей среде;

5) принимают участие в реализации государственных программ геологического изучения недр и развития минерально-сырьевой базы на подведомственной им территории;

6) организуют проведение общественной экологической экспертизы проектов в области недропользования;

7) принимают решения о прекращении самовольного пользования недрами и самовольной застройки площадей залегания полезных ископаемых;

8) обеспечивают в пределах своих полномочий защиту прав недропользователей и интересов граждан по вопросам пользования недрами;

9) решают иные вопросы, входящие в их компетенцию, в соответствии с настоящим Законом и иными нормативными правовыми актами Туркменистана.

3）按照土库曼斯坦土地法规定的方式提供地块用于矿产资源利用；

4）限制使用其管辖境内的矿产资源区，如果这种使用可能对居民健康和环境产生负面影响或损害；

5）在其管辖境内参与实施国家对矿产资源的地质研究和矿物原料基地的开发计划；

6）组织对矿产资源利用领域的项目进行公共环境评审；

7）对擅自使用矿产资源和在矿产埋藏地区进行建筑的行为作出终止决定；

8）确保在其权力范围内保护矿产资源使用者的权利和公民在矿产资源利用问题上的利益；

9）根据本法和土库曼斯坦其他标准法规解决其职权范围内的其他问题。

2. Органы местного самоуправления в пределах своей компетенции осуществляют функции и полномочия в области использования и охраны недр, указанные в части 1 настоящей статьи, во взаимодействии с местными органами исполнительной власти.

Статья 10. Участие граждан и общественных объединений в осуществлении мероприятий по использованию и охране недр

1. Граждане и общественные объединения при осуществлении своей деятельности в области использования и охраны недр принимают участие в:

1）обсуждении проектов нормативных правовых актов по вопросам использования и охраны недр на этапах их подготовки и представляют свои замечания разработчикам;

2）инициировании и организации общественной экологической экспертизы и проведении общественных слушаний по вопросам разработки месторождений полезных ископаемых;

3）осуществлении общественного экологического контроля в области использования и охраны недр;

4）мероприятиях по использованию и охране недр в соответствии с законодательством Туркменистана.

2. 地方自治机关在其职权范围内与地方当局合作，行使本条第1部分规定的矿产资源利用和保护领域的职权。

第10条 公民和社会团体参与矿产资源利用和保护活动

1. 公民和社会团体在矿产资源利用和保护领域开展活动时，参与：

1）在准备阶段讨论关于矿产资源利用和保护问题的法规草案，并向设计人员提出自己的意见；

2）发起和组织公共环境评审，并就矿床开发问题举行公众听证会；

3）在矿产资源利用和保护领域组织社会环境监督；

4）根据土库曼斯坦法律规定实施矿产资源利用和保护措施。

2. Граждане и общественные объединения при осуществлении своей деятельности в области использования и охраны недр имеют право:

1) получать от государственных органов и организаций достоверную информацию о планах разработки месторождений полезных ископаемых и возможном отрицательном воздействии разработки месторождений на окружающую среду и здоровье человека;

2) ставить вопросы о привлечении к ответственности физических и юридических лиц, предъявлять в суд иски о возмещении ущерба, причинённого здоровью и (или) имуществу граждан вследствие нарушения законодательства Туркменистана о недрах;

3) обращаться с предложениями, заявлениями и жалобами в органы исполнительной власти, правоохранительные и судебные органы, а также требовать отмены в административном или судебном порядке решений о разработке месторождений полезных ископаемых, оказывающей отрицательное воздействие на окружающую среду и здоровье человека;

4) обладать иными правами, установленными законодательством Туркменистана.

2. 公民和社会团体在矿产资源利用和保护领域开展活动时，有权：

1) 从国家机构和组织获取有关矿床开发计划的准确信息，并了解该计划对环境和人类健康可能产生的负面影响；

2) 提出追究自然人和法人责任的问题，就违反土库曼斯坦矿产资源法对公民的健康和（或）财产造成的损害向法院提出赔偿要求；

3) 向权力执行机关、执法机关和司法机关提出意见、申请和投诉，同时按行政程序或司法程序要求废除对环境和人体健康有负面影响的、有关矿床开发的决定；

4) 拥有土库曼斯坦法律规定的其他权力。

Глава Ⅲ. Пользование недрами

Статья 11. Виды недропользования

1. Недра предоставляются в пользование для:

1) геологического изучения, в том числе для опытно-промышленной добычи полезных ископаемых, которая может осуществляться в целях уточнения отдельных горно-геологических и других параметров, выбора рациональных методов добычи минерального сырья на основании проекта проведения этих работ;

2) добычи полезных ископаемых, в том числе использования отходов горнодобывающих и связанных с ними перерабатывающих производств;

3) строительства и эксплуатации подземных сооружений, не связанных с добычей полезных ископаемых (сооружений для хранения веществ, материалов, специального оборудования и отходов производства), использования тепла земли, сброса сточных вод и иных нужд;

第3章 矿产资源利用

第11条 矿产资源利用的形式

1. 矿产资源用于：

1) 地质研究，包括矿产的工业试采，旨在明确某些采矿地质参数及其他参数，从而根据这些工程的项目选择合理的矿物原料开采方法；

2) 矿产开采，包括使用采矿和相关加工行业的废料；

3) 建设和使用与矿产开采无关的地下设施（用于存放物品、材料、专用设备和生产废料的设施），地热利用，废水排放和其他需求；

4）образования особо охраняемых природных геологических объектов, имеющих научное, культурное, эстетическое, санаторно-оздоровительное и иное значение (научные и учебные полигоны, геологические заповедники, заказники, природные музеи и памятники природы, пещеры и другие природные и техногенные (искусственные) подземные полости);

5) сбора минералогических, палеонтологических и других геологических коллекционных материалов.

2. Пользование недрами для добычи радиоактивного сырья и захоронения радиоактивных отходов и токсичных веществ осуществляется под полным государственным контролем.

3. Недра могут предоставляться в пользование одновременно для геологического изучения и добычи полезных ископаемых (совмещённое пользование).

Статья 12. Пользователи недр

Пользователями недр могут быть физические и юридические лица независимо от формы собственности.

4）形成具有科学、文化、审美、保健等重要意义且受特别保护的自然地质对象（如科研基地、地质保护区、野生动物保护区、自然博物馆、自然古迹、洞穴、自然和人工地下孔穴）；

5）收集矿物学、古生物资料和其他的地质学藏品。

2. 在国家全面监督之下利用矿产资源开采放射性原料并掩埋放射性废物和有毒物质。

3. 可以利用矿产资源同时进行地质研究和矿产开采（合用）。

第 12 条　矿产资源的使用者

矿产资源的使用者可以是自然人和法人，无论所有权形式如何。

Статья 13. Сроки пользования участками недр

1. Участки недр предоставляются в пользование на определённый срок или без ограничения срока.

2. На определённый срок участки недр предоставляются в пользование для:

1) геологического изучения – на срок до 6 лет (срок геологического изучения может быть продлён дважды продолжительностью каждого периода до двух лет в соответствии с условиями Лицензии и Договора);

2) добычи полезных ископаемых – на срок до 20 лет (срок действия Лицензии может быть продлён на пять лет в соответствии с условиями Лицензии и Договора, проекта разработки месторождения);

3) геологического изучения и добычи полезных ископаемых (совмещённое пользование)– на срок до 25 лет.

3. Без ограничения срока участки недр предоставляются в пользование для:

1) строительства и эксплуатации подземных сооружений, не связанных с добычей полезных ископаемых;

2) строительства и эксплуатации подземных сооружений, связанных с захоронением отходов;

第 13 条 矿产资源地区的使用期限

1. 提供使用的矿产资源区,其使用期分有固定期限和无固定期限。

2. 在固定期限内,提供矿产资源区用于:

1）地质研究——最长 6 年（根据许可证和协议的条款,地质研究的期限可以延长 2 次,每次最多 2 年）；

2）矿产开采——最长 20 年（根据许可证和协议条款、矿床开发方案,许可证的有效期限可以延长 5 年）；

3）地质研究和矿产开采（合用）——最长 25 年。

3. 在无固定期限的情况下,提供矿产资源区用于:

1）与矿产开采无关的地下构筑物建设和使用；

2）与废料掩埋有关的地下构筑物的建设和使用；

3) строительства и эксплуатации нефте- и газохранилищ;

4) образования особо охраняемых природных геологических объектов и иных целей.

4. При необходимости срок временного пользования участками недр может быть продлён.

Период времени, необходимый для проведения рекультивации земель, а также для приведения нарушенных при пользовании недрами иных компонентов окружающей среды в состояние, пригодное для их дальнейшего использования, включается в срок пользования недрами.

Статья 14. Предоставление недр в пользование

1. Право пользования недрами для целей настоящего Закона возникает на основании лицензии.

В лицензии устанавливаются границы площади предоставляемого горного отвода (с ограничением на глубину разработки месторождения полезных ископаемых), в пределах которого разрешается производство работ.

3）油气库的建设和经营；

4）形成特别自然保护地质物体和其他用途。

4. 必要时,可延长矿产资源区的临时使用期限。

土地复垦,以及在矿产资源使用过程中受到干扰的其他环境成分恢复到适合进一步利用的状态所需的时间,应计入矿产资源的使用期限内。

第 14 条 授予矿产资源使用权

1. 在本法下,矿产资源使用权通过颁发许可证授予。

许可证规定了允许生产作业的矿区边界(包括开发深度的限制)。

2. Для разработки месторождений полезных ископаемых недра предоставляются в пользование в виде горного отвода (с ограничением на глубину разработки месторождения полезных ископаемых), представляющего собой геометризованный блок на основании лицензии и акта, удостоверяющего горный отвод (горноотводный акт).

3. Горноотводный акт удостоверяет границы горного отвода и выдаётся на основании представленного пользователем недр проекта горного отвода.

4. Отвод земельного участка для разработки месторождения полезных ископаемых и строительства горного предприятия оформляется после получения горного отвода в порядке, установленном земельным законодательством Туркменистана.

5. Уполномоченные государственные органы в области использования и охраны недр обладают правами на предоставление физическим и юридическим лицам в пользование участков недр на условиях, определяемых настоящим Законом и иными нормативными правовыми актами Туркменистана.

2. 为了对矿床进行开发，矿产资源以矿山用地的形式提供使用（对矿床的开发深度有限制），该矿山用地是以许可证和证明矿山用地文件（矿山用地证明文件）为基础的一个几何区块。

3. 矿山用地证明文件证实矿山用地边界，并根据矿产资源使用者提供的矿山用地设计签发。

4. 在按土库曼斯坦土地法规定的程序获得矿山用地之后，用于矿床开发和采矿企业建设的地块划拨正式确定。

5. 矿产资源使用和保护领域的授权国家机关有权根据本法和土库曼斯坦其他标准法规规定的条件向自然人和法人提供矿产资源区供其使用。

Статья 15. Ограничения на недропользование

1. Пользование отдельными участками недр может быть ограничено или запрещено в целях:

1) сохранения экологической устойчивости и охраны окружающей среды;

2) обеспечения национальной безопасности;

3) сохранения особо охраняемых природных геологических объектов.

2. Пользование недрами может быть ограничено или запрещено на территориях:

1) населённых пунктов, объектов промышленности, транспорта и связи и других объектов инфраструктуры;

2) зон санитарной охраны водных объектов, земель, выделенных под полосы отвода по берегам водных объектов;

3) объекта, имеющего особое государственное значение, научную, культурную или лечебную ценность.

3. Пользование недрами на особо охраняемых территориях осуществляется в соответствии с Законом Туркменистана «Об особо охраняемых природных территориях».

第 15 条 矿产资源利用的限制条件

1. 可能会限制或禁止使用某些矿产资源区,为了:

1) 维持生态稳定和保护自然环境;

2) 确保国家安全;

3) 对特别自然保护地质体进行保护。

2. 在以下地区可能会限制或禁止使用矿产资源:

1) 居民点,工业、交通和通信设施和其他基础设施;

2) 水体卫生保护区,水体沿岸划拨使用的土地区域;

3) 具有特殊国家意义、科学、文化或医疗价值的物体。

3. 根据土库曼斯坦的《关于特别自然保护区》法律,在特别保护区使用矿产资源。

Статья 16. Лицензирование в области недропользования

1. Лицензирование в области недропользования осуществляется в соответствии с нормативными правовыми актами Туркменистана о лицензировании.

2. При приостановлении или прекращении права пользования недрами в случаях, установленных законодательством Туркменистана, действие лицензии на пользование недрами подлежит приостановлению или прекращению.

3. Уполномоченные государственные органы в области использования и охраны недр, обладающие правом на выдачу лицензии, могут приостанавливать действие лицензии в случаях неоднократных нарушений или грубого нарушения лицензиатом лицензионных требований и условий, а также других случаях, предусмотренных законодательством Туркменистана.

4. Приостановление права пользования недрами и действия лицензии означает временное прекращение основного вида деятельности и, как правило, связанных с ней вспомогательных работ, за исключением деятельности по поддержанию горных выработок, строений, сооружений и оборудования в безаварийном, безопасном для людей и окружающей среды состоянии. При приостановлении права пользования недрами лицензия у недропользователя сохраняется.

第 16 条 矿产资源利用方面的许可证制度

1. 根据土库曼斯坦关于许可证制度的标准法规，在矿产资源利用领域发放许可证。

2. 在土库曼斯坦法律规定的情况下，如果暂停或终止矿产资源利用权，则矿产资源利用许可证的效用应暂停或终止。

3. 矿产资源利用和保护领域的授权国家机关拥有签发许可证的权力，如果许可证持有人多次违反或严重违反许可证要求和条件，以及土库曼斯坦的法律规定的其他情形，授权国家机关可以暂停许可证的效用。

4. 暂停矿产资源利用权和许可证的效用，意味着暂时停止主要活动，并且通常停止与主要活动相关的辅助工作，但维持巷道、建筑物、构筑物和设备处于安全及对人和环境安全的活动除外。在暂停矿产资源利用权时，矿产资源使用者仍保留许可证。

5. Уполномоченные государственные органы в области использования и охраны недр, принимая решение о приостановлении действия лицензии, обязаны установить срок для устранения недропользователем нарушений, повлекших за собой приостановление действия лицензии. Указанный срок не должен превышать шести месяцев.

Если в установленный срок обладатель лицензии не устранил указанные нарушения, то уполномоченные государственные органы в области использования и охраны недр вправе подать исковое заявление в суд об аннулировании лицензии.

6. После устранения нарушений, повлекших за собой приостановление действия лицензии, недропользователь представляет в соответствующий уполномоченный государственный орган в области использования и охраны недр заявление о возобновлении действия лицензии.

Уполномоченные государственные органы в области использования и охраны недр, приостановившие действие лицензии, в течение:

1) десяти рабочих дней со дня получения заявления проводят проверку устранения недропользователем нарушений, повлекших за собой приостановление действия лицензии;

5. 矿产资源使用和保护领域的授权国家机关在决定暂停许可证的效用时，有责任设定整改期限，由矿产资源使用者纠正导致暂停许可证效力的违规行为。该期限不得超过6个月。

如果许可证持有人未在规定期限内消除这些违法行为，则矿产资源使用和保护领域的授权国家机关有权向法院提起诉讼，吊销许可证。

6. 导致许可证效用暂停的违法行为消除后，矿产资源使用者应向矿产资源利用和保护领域的相关国家授权机关提交许可证效用恢复申请。

暂停许可证效用的矿产资源使用和保护领域的授权国家机关，在：

1）自收到申请之日起10个工作日内，对矿产资源使用者消除导致许可证效用被暂停的违规行为的情况进行检查；

2) последующих трёх рабочих дней на основании результатов проверки принимают решение о возобновлении или об отказе в возобновлении её действия и сообщают об этом недропользователю в письменной форме.

7. Прекращение права пользования недрами и действия лицензии означает, что обладатель лицензии в установленные сроки производит остановку основного вида деятельности и получения продукции, указанных в лицензии, начинает по указанию органов, предоставивших лицензию, работы по консервации или ликвидации горных выработок и объектов инфраструктуры, связанных с пользованием недрами.

Работы по консервации или ликвидации считаются завершёнными после подписания акта о ликвидации или консервации органами, выдавшими лицензию. После завершения указанных работ по консервации или ликвидации недропользователь теряет все права, освобождается от всех обязанностей, которые он имел в соответствии с лицензией. Лицензия аннулируется.

8. Прекращение права пользования недрами и аннулирование лицензии осуществляются на основании решения суда в порядке, установленном законодательством Туркменистана о лицензировании.

2）接下来的3个工作日内，根据检查结果，作出恢复或拒绝恢复许可证效用的决定，并书面通知矿产资源使用者。

7. 暂停矿产资源利用权和许可证的效用，意味着许可证持有人在规定的期限内停止主要活动，并暂停获得许可证规定的产品。根据许可证授权机关的指示，应开始巷道和与矿产资源利用有关的基础设施的封存及清算工作。

在许可证签发机关签署清算或封存证明文件之后，封存或清算工作被视为完成。在完成规定的封存或清算工作后，矿产资源使用者将失去所有权利，并免除其根据许可证承担的所有义务。许可证被吊销。

8. 暂停矿产资源利用权和吊销许可证是按土库曼斯坦许可证制度法规定的程序、依据法院的判决进行的。

Статья 17. Договорные условия деятельности в области недропользования

1. Виды недропользования, предусмотренные статьёй 11 настоящего Закона, осуществляются на основании заключения договоров на недропользование.

2. Виды договоров на использование недр и их условия определяются сторонами в соответствии с положениями настоящего Закона и иными нормативными правовыми актами Туркменистана в области использования и охраны недр.

3. В соответствии с настоящим Законом при осуществлении геологоразведочных работ и работ по добыче полезных ископаемых применяются следующие виды договоров:

1) договор о разделе продукции;

2) концессионный (арендный) договор;

3) договор на предоставление сервисных услуг (с риском или без риска);

4) иные договоры, не запрещённые законодательством Туркменистана.

4. В зависимости от характера конкретных видов работ по использованию недр и других обстоятельств допускается сочетание указанных и иных видов договоров.

第17条 在矿产资源利用方面，合同约定的活动条件

1.本法第11条规定的矿产资源利用的形式，以签订矿产资源利用合同为基础实现。

2.矿产资源使用合同的类型及其条款由合同各方根据本法和土库曼斯坦在矿产资源使用和保护领域的其他标准法规的规定确定。

3.根据本法，进行地质勘探和采矿作业时适用下列合同：

1）产品分成合同；

2）租让（租赁）合同；

3）提供服务的合同（有风险或无风险的情况下）；

4）土库曼斯坦法律未禁止的其他合同。

4.根据矿产资源利用的具体工种的性质和其他情况，允许将上述合同和其他类型的合同结合使用。

Статья 18. Стандартизация и сертификация недропользования

Стандартизация и сертификация недропользования осуществляются в соответствии с законодательством Туркменистана.

Статья 19. Особенности недропользования для удовлетворения индивидуальных хозяйственных и бытовых нужд

1. Собственники и пользователи земельных участков имеют право, по своему усмотрению, в границах своих участков:

1) использовать для хозяйственных и бытовых нужд общераспространённые полезные ископаемые, не числящиеся на государственном балансе и залегающие до глубины не более пяти метров, без применения взрывных работ;

第18条 矿产资源利用的标准化和认证

根据土库曼斯坦的法律，对矿产资源利用进行标准化和认证。

第19条 满足个体经营需要和生活需要的矿产资源的利用特点

1. 地块的所有者和使用者有权在其地块范围内自行决定：

1）在不使用爆破的情况下，为经营和生活需要使用未列入国家资产平衡表内且深度不超过5m的普通矿产；

2) осуществлять строительство подземных сооружений для своих нужд на глубину до пяти метров, но не глубже уровня первого водоносного горизонта, пригодного для питьевых целей;

3) осуществлять строительство и эксплуатацию бытовых колодцев и буровых скважин на глубину до поверхности первого водоносного горизонта, не являющегося источником централизованного водоснабжения.

2. Собственники и пользователи земельных участков могут быть лишены права добычи общераспространённых полезных ископаемых и подземных вод для своих нужд в пределах принадлежащих им земельных участков в случае нанесения ущерба недрам, окружающей среде и историко-культурным объектам, нарушения правил пользования недрами, а также в других случаях, предусмотренных законодательством Туркменистана.

Статья 20. Права и обязанности пользователя недр

1. Пользователь недр имеет право:

1) самостоятельно совершать любые законные действия по недропользованию в пределах предоставленного ему участка недр в соответствии с условиями, зафиксированными в лицензии и договоре;

2) 为满足自身需要建造地下构筑物，深度不超过5m, 但不超过适合饮用目的的第一含水层的水位；

3) 生活用井和其他钻井的建井和钻探，井深度不超过非集中供水水源的第一含水层的表面。

2. 如果矿产资源、环境和历史文物遭到破坏，违反矿产资源使用规则，同时在土库曼斯坦法律规定的其他情况下，地块的所有者和使用者可能会被剥夺在其拥有的地块内开采普通矿产和地下水以满足自身需要的权利。

第20条 矿产资源使用者的权利和义务

1. 矿产资源使用者享有以下权利：

1) 根据许可和协议规定的条件，在提供给其矿产资源区内独立进行矿产资源利用方面的任何合法行动；

2）использовать по своему усмотрению результаты своей деятельности, в том числе добытое минеральное и гидроминеральное сырьё, если иное не предусмотрено договором;

3）использовать техногенные минеральные образования, полученные в процессе добычи полезных ископаемых и переработки минерального сырья собственными силами, если иное не установлено в лицензии;

4）проводить без дополнительных разрешений геологическое изучение недр за счёт собственных средств в границах горного отвода, предоставленного ему в соответствии с лицензией;

5）обращаться в уполномоченные государственные органы в области использования и охраны недр с ходатайством о пересмотре условий пользования участком недр в связи с изменением конъюнктуры на минеральное сырьё и продукты его переработки, при которой добыча полезных ископаемых экономически нецелесообразна, а также при возникновении обстоятельств, существенно отличающихся от тех, при которых лицензия была выдана;

6）воспользоваться своим правом на продление срока пользования участком недр, установленного статьёй 13 настоящего Закона;

2）自行决定使用其活动成果，包括开采的矿物原料和水力矿物原料，除非合同另有规定；

3）使用在以自己的力量开采矿产和加工矿物原料过程中获得的技术成因矿料，许可证另有规定的除外；

4）在根据许可证提供的矿山用地范围内，无须其他的许可，可以自筹资金进行矿产资源的地质研究；

5）向矿产资源利用和保护领域的授权国家机关提出申请，要求修改与矿物原料及其加工产品的市场状况变化相关的矿产资源区的使用条件，因为在该市场情况下，矿产开采在经济上是不可行的，同时出现了与颁发许可证时大不相同的情况；

6）行使本法第13条规定的延长矿产资源区块使用期限的权利；

7) иметь иные права, предусмотренные настоящим Законом и иными нормативными правовыми актами Туркменистана.

2. Пользователь недр по согласованию с уполномоченными государственными органами в области использования и охраны недр имеет право:

1) принимать решения по технологии ведения работ, связанных с пользованием недрами;

2) вносить в установленном порядке изменения в технические проекты, планы развития горных работ, а также в проекты разработки месторождений полезных ископаемых;

3) сооружать на предоставленном ему участке недр, а в случае необходимости и на иных земельных участках, выделенных ему в установленном порядке, объекты производственной и социальной сферы, необходимые для осуществления работ, связанных с пользованием недрами;

4) пользоваться на договорной основе объектами производственной инфраструктуры как на предоставленном ему участке, так и за его пределами;

5) привлекать на договорной основе исполнителей отдельных видов или комплекса работ, связанных с пользованием недрами;

7）享有本法和土库曼斯坦其他标准法规规定的其他权利。

2. 经矿产资源使用和保护领域的授权国家机关同意，矿产资源使用者有权：

1）通过与矿产资源利用相关的作业工艺；

2）按规定程序修改技术设计、矿业发展计划及矿床开发方案；

3）在提供的矿产资源区内，必要时按照规定程序在划拨的其他地块上，建设与矿产资源利用相关的工程所需的生产和社会设施；

4）根据合同在提供的地区内和区块外均可使用生产基础设施；

5）在合同的基础上，吸引与矿产资源利用有关的某些工种或综合工程的承包商加入；

6) передавать свои права или часть своих прав другим лицам с соблюдением условий, установленных настоящим Законом.

3. Пользователь недр обязан:

1) использовать предоставленный ему участок недр в соответствии с целью, для которой он предоставлен;

2) соблюдать нормы и правила по технологии ведения работ, связанных с пользованием недрами и переработкой минерального и гидроминерального сырья;

3) соблюдать требования технических проектов и планов развития горных работ;

4) вести геологическую, маркшейдерскую и иную документацию в процессе разработки месторождений полезных ископаемых, пользования недрами в иных целях, не связанных с добычей полезных ископаемых, и обеспечивать её сохранность;

5) вести учёт количества и качества извлекаемых и оставляемых в недрах запасов основных и совместно с ними залегающих полезных ископаемых и попутных полезных компонентов, а также продуктов переработки минерального и гидроминерального сырья и техногенных минеральных образований;

6) сохранять добываемые, но временно не используемые попутные полезные ископаемые и попутные полезные компоненты;

6）根据本法规定的条件，将其权利或部分权利转让给他人。

3.矿产资源使用者有责任：
1）根据提供的目的使用矿产资源区；

2）遵守与矿产资源利用和矿物及水力矿物原料加工相关的作业工艺标准与规范；

3）遵守采矿工程的技术方案和发展计划的要求；

4）在矿床开发及与矿产开采无关的其他目的利用矿产资源的过程中，管理地质资料、矿山测量资料和其他资料，并确保其安全；

5）对主要矿产和共生矿产及伴生有用组分的可采储量和剩余储量，以及矿物原料和水矿物原料、人工矿物加工产品，进行数量和品质统计；

6）保存已采出的、但暂时未使用的伴生矿产和伴生有用组分；

7) обеспечивать соблюдение нормативов потерь при добыче полезных ископаемых и переработке минерального и гидроминерального сырья;

8) не допускать выборочной отработки богатых участков месторождений полезных ископаемых;

9) представлять данные о состоянии и движении запасов основных и совместно с ними залегающих полезных ископаемых и попутных полезных компонентов, а также другие данные для ведения государственного кадастра месторождений и проявлений полезных ископаемых и техногенных минеральных образований в уполномоченный государственный орган в области геологии;

10) представлять в уполномоченные государственные органы в области использования и охраны недр данные об объёмах добытых полезных ископаемых;

11) предоставлять необходимые документы, информацию и обеспечить доступ к местам работ представителям органов контроля и надзора при выполнении ими служебных функций и своевременно устранять выявленные ими нарушения;

12) обеспечивать безопасность работников (персонала) и населения в зоне влияния работ, связанных с пользованием недрами;

13) обеспечивать безопасное ведение работ, связанных с пользованием недрами, принятие мер по предупреждению чрезвычайных ситуаций, разработку планов ликвидации аварий;

7）确保矿产开采和矿物及水力矿物原料加工过程中符合损失标准；

8）不允许选择性开采矿床富集区；

9）向地质领域的授权国家机关提供有关主要矿产和共生矿产及伴生有用组分的储量状态和动态数据，同时提供其他资料以进行国家矿产和技术成因矿料显示和矿床清册的管理；

10）向矿产资源利用和保护领域的授权国家机关提供有关已采矿产数量的资料；

11）向监管机关的代表提供必要的文件和信息，保证其进入工作场所，以便行使监督和检查的职能，并及时纠正发现的违规行为；

12）确保员工（人员）和居民在与矿产资源利用相关的工程影响区内的安全；

13）确保安全开展与矿产资源利用相关的工作，采取措施防止紧急情况，制定消除事故的计划；

14) соблюдать установленный порядок ликвидации и консервации предприятий по добыче полезных ископаемых и подземных сооружений, не связанных с добычей полезных ископаемых;

15) обеспечивать сохранность разведочных горных выработок и буровых скважин, которые могут быть использованы при разработке месторождений полезных ископаемых и в иных целях, а также ликвидацию в установленном порядке горных выработок и буровых скважин, не подлежащих для дальнейшего использования;

16) обеспечивать проведение работ по планировке или террасированию откосов отвалов и бортов карьеров, а также противоэрозионных мероприятий;

17) осуществлять мероприятия по охране недр, атмосферного воздуха, земельных и водных ресурсов, почв, лесов, растительного и животного мира и других объектов окружающей среды, зданий и сооружений от вредного влияния работ, связанных с пользованием недрами, а также по приведению земельных участков и других природных объектов, нарушенных при пользовании недрами (рекультивация), в состояние, пригодное для их дальнейшего использования;

18) своевременно вносить плату за право пользования недрами, производить отчисления на воспроизводство минерально-сырьевой базы и прочие обязательные платежи;

14）遵守针对矿产开采企业和与矿产开采无关的地下构筑物规定的清算和封存制度；

15）确保勘探巷道和钻井的完好性，以便于后续矿床开发和其他用途使用，同时按规定程序清理已停用的巷道和钻井；

16）确保对废石堆场边坡和露天采矿场边缘进行平整并修筑台阶，以及采取防腐蚀措施；

17）采取措施保护矿产资源、大气、土地、水资源、土壤、森林、动植物和其他环境设施、建筑物和构筑物，以免受到与矿产资源利用相关的工作的有害影响，并采取措施将矿产资源使用过程中被破坏的地块和其他自然设施恢复到适合进一步使用的状态；

18）按时缴纳矿产资源使用权费，支付矿物原料基地再生产费用和其他强制性费用；

19) нести иные обязанности, предусмотренные настоящим Законом и иными нормативными правовыми актами Туркменистана.

Статья 21. Порядок прекращения права пользования недрами

1. Прекращение права пользования недрами осуществляется в следующем порядке:

1) в случае изъятия участков недр для государственных и общественных нужд право пользования недрами прекращается немедленно с одновременным письменным уведомлением об этом пользователя недр;

2) в случаях неоднократных нарушений или грубого нарушения недропользователем лицензионных требований и договорных условий и обязательств, установления факта предоставления недропользователем недостоверных сведений при получении лицензии и использовании недр, а также если в течение двух лет с момента получения лицензии недропользователь не приступил к пользованию недрами. В этих случаях решение о прекращении права пользования недрами может быть принято судом по истечении трёх месяцев со дня письменного уведомления пользователя недр о допущенных нарушениях и непринятия им мер по их устранению;

19）担负本法和土库曼斯坦其他标准法规规定的其他责任。

第 21 条 矿产资源使用权终止制度

1.终止矿产资源使用权的程序如下：

1）如果出于国家和公共需要收回矿产资源区，则立即终止矿产资源使用权，同时书面通知矿产资源使用者；

2）如果矿产资源使用者多次违反或严重违反许可要求和合同条款及合同义务，并且认定其在获得许可证和使用矿产资源时提供虚假信息的事实，同时如果矿产资源使用者自获得许可证之日起 2 年内没有开始使用矿产资源，在这些情况下，法院可以以书面通知矿产资源使用者关于所犯的违法行为和未采取措施消除这些违法行为之日起 3 个月后作出终止其矿产资源使用权的判决；

3) в случае ликвидации горного предприятия или иного субъекта хозяйственной деятельности, которому недра были предоставлены в пользование, прекращение права пользования недрами может быть осуществлено по истечении шести месяцев со дня письменного уведомления им соответствующего уполномоченного государственного органа в области использования и охраны недр.

2. При досрочном прекращении права пользования недрами ликвидация или консервация горного предприятия производится в порядке, установленном статьёй 31 настоящего Закона.

3. Расходы на консервацию или ликвидацию горного предприятия несёт пользователь недр, если пользование недрами прекращено в случае отказа владельца лицензии от права недропользования и по причинам, указанным в пунктах 2, 3 части 1 настоящей статьи, при наличии вины пользователя недр или по его инициативе.

Расходы на консервацию или ликвидацию горного предприятия несёт государство, если пользование недрами прекращено (приостановлено) в случае изъятия участков недр для государственных и общественных нужд и при условии, если инициатором ликвидации горного предприятия является государство.

3）如果采矿企业或其他被授予使用权的经营活动主体被清算，则在其书面通知相关矿产资源利用和保护领域的授权国家机关之日起6个月后，可以终止其矿产资源使用权。

2. 当提前终止矿产资源使用权时，按照本法第31条规定的程序对采矿企业进行清算或封存。

3. 如果许可证持有人放弃矿产资源使用权，并且由于本条第1部分第2款和第3款规定的原因而终止使用矿产资源，以及当矿产资源使用者有过错或主动终止使用时，则采矿企业停业封存或清算的费用应由矿产资源使用者承担。

采矿企业因国家和公共需要收回矿产资源区而终止（暂停）使用矿产资源时，并且采矿企业的清算发起人是国家时，采矿企业的停业或清算的费用由国家承担。

При прекращении пользования недрами в случае изъятия участков недр для государственных и общественных нужд недропользователю возмещаются понесённые затраты и ущерб от недополученной прибыли за оставшийся срок действия лицензии.

Размер ущерба и порядок его возмещения определяются в соответствии с законодательством Туркменистана.

如果因国家和公共需要而收回矿产资源区，导致矿产资源使用终止的，则应赔偿矿产资源使用者在许可证有效剩余期内的投入损失和利润损失。

损失金额及其赔偿方式根据土库曼斯坦的法律确定。

Статья 22. Регулирование взаимоотношений между пользователями смежных участков недр

第 22 条 协调相邻矿产资源区使用者之间的关系

1\. Взаимоотношения пользователей смежных участков недр регулируются договорами. Свободный участок земли или недр, существующий между двумя или более горными отводами, может быть предоставлен граничащему недропользователю по решению государственного органа, выдавшего горноотводный акт.

2\. Вторжение горных выработок в границы чужого горного отвода не допускается, за исключением случаев, связанных с необходимостью ликвидации аварий и их последствий.

1. 相邻矿产资源区使用者之间的关系通过合同进行调节。位于两个或两个以上矿区用地之间的待分配地块或矿产资源区，根据签发矿山用地证明文件的国家机关的决定，可以提供给邻近的矿产资源使用者。

2. 不允许巷道占用他人的矿山用地，除非与消除事故及其后果需要有关的情况。

3. Осмотр горных выработок соседствующего недропользователя при подозрении на вторжение его в пределы чужого горного отвода осуществляется государственным органом, принявшим решение о выдаче горноотводного акта.

Статья 23. Защита прав пользователей недр

1. Недропользователю гарантируется защита его прав в соответствии с настоящим Законом и иными нормативными правовыми актами Туркменистана.

2. Изменения и дополнения в настоящий Закон и другие нормативные правовые акты Туркменистана, ухудшающие положение недропользователя, не применяются к лицензиям и договорам (контрактам), выданным и заключённым до принятия данных изменений и дополнений.

3. Вмешательство государственных органов в деятельность пользователя недр не допускается, за исключением случаев, предусмотренных настоящим Законом и иными нормативными правовыми актами Туркменистана.

3. 如果怀疑相邻的矿产资源使用者侵入他人的矿山用地范围内，则由决定签发矿山用地证明文件的国家机关对其巷道进行检查。

第23条 保护矿产资源使用者的权利

1. 根据本法和土库曼斯坦其他标准法规保证保护矿产资源使用者的权利。

2. 对本法和土库曼斯坦其他标准法规进行的修订和补充导致矿产资源使用者处境恶化，则不将其应用于修订和补充通过之前已签发和签订的许可证和协议（合同）。

3. 国家机关不得干涉矿产资源使用者的活动，本法和土库曼斯坦其他标准法规规定的情况除外。

4. Строения и сооружения, возведённые недропользователями на предоставленных им участках недр, а также приобретённое ими технологическое оборудование составляют собственность пользователя недр и могут быть переведены в распоряжение государства или других недропользователей только в порядке, установленном законодательством Туркменистана и на условиях, оговорённых в лицензии.

5. При необоснованном прекращении или приостановлении права пользования недрами ущерб, вызванный приостановкой работ, возмещается государственными органами, принявшими решение о прекращении или приостановлении права пользования недрами.

Статья 24. Антимонопольные требования при пользовании недрами

Запрещаются или в установленном порядке признаются неправомочными действия государственных органов, а также любых пользователей недр, направленные на:

1) ограничение доступа к участию в конкурсах на приобретение права пользования недрами;

4. 矿产资源使用者在提供的矿产资源区建造的结构和构筑物，以及其购买的技术设备，归矿产资源使用者所有，可以按照土库曼斯坦的法律规定的程序和许可证约定的条件转让给国家或其他矿产资源使用者处置。

5. 当不合理终止或者暂停矿产资源使用权时，因停工造成的损失由决定终止或者暂停矿产资源使用权的国家机关赔偿。

第 24 条　矿产资源使用时的反垄断要求

国家机关及任何矿产资源使用者采取以下行为，均应被禁止或者按规定程序被视为非法：

1）限制参与获取矿产资源使用权的招标活动；

2) дискриминацию пользователей недр, создающих структуры, конкурирующие с хозяйствующими субъектами, занимающими доминирующее положение в недропользовании;

3) дискриминацию пользователей недр в предоставлении доступа к объектам транспорта и инфраструктуры.

2) 对建立了与矿产资源使用中占据主导地位的经营主体具有竞争机构的矿产资源使用者，采取歧视态度；

3) 在提供交通和基础设施方面对矿产资源使用者的歧视。

Глава IV. Требования по рациональному, безопасному использованию и охране недр

Статья 25. Задачи охраны недр

Охрана недр включает в себя систему правовых, организационных, экономических, технологических, экологических и других мероприятий, направленных на решение следующих задач:

1) обеспечение полноты извлечения полезных ископаемых и попутных компонентов, рационального и комплексного их использования;

2) сохранение естественных ландшафтов и рекультивация нарушенных земель, иных геоморфологических структур;

3) сохранение естественных свойств верхних частей недр в целях предотвращения оползней, подтоплений, просадок грунта, опустынивания, засоления почв, селей, эрозии почв, загрязнения, землетрясений, связанных с техногенным воздействием и минимизацией их отрицательного воздействия на окружающую среду.

第 4 章 对矿产资源合理、安全利用和保护的要求

第 25 条 保护矿产资源的任务

矿产资源保护包括法律、组织、经济、技术、环境和其他的措施体系,旨在解决以下问题:

1)确保矿产和伴生组分充分开发,并合理和综合利用;

2)保护自然景观和恢复已破坏的土地和其他地貌结构;

3)保护矿产资源上部的自然特性,以防止山体滑坡、洪水、土壤沉降、荒漠化、土壤盐渍化、泥石流、土壤侵蚀、污染、技术成因的地震,并尽量减少它们对环境的负面影响。

Статья 26. Основные требования к рациональному использованию и охране недр

1. Основными требованиями к рациональному использованию и охране недр являются:

1) соблюдение требований законодательства Туркменистана, утверждённых в установленном порядке стандартов (правил, норм) в области геологического изучения, использования и охраны недр;

2) обеспечение полного и комплексного геологического изучения недр;

3) проведение опережающего геологического изучения недр, обеспечивающего оценку наличия и (или) отсутствия запасов полезных ископаемых или свойств участка недр, предоставленного в пользование в целях, не связанных с добычей полезных ископаемых;

4) проведение государственной экспертизы и осуществление государственного учёта запасов полезных ископаемых, а также участков недр, используемых в целях, не связанных с добычей полезных ископаемых;

第26条 对矿产资源合理利用和保护的主要要求

1.对矿产资源合理利用和保护的主要要求是：

1) 遵守土库曼斯坦法律的要求，遵守在矿产资源的地质研究、使用和保护方面按规定程序批准的标准(规则、规范)的要求；

2) 确保对矿产资源进行全面和综合的地质研究；

3) 对矿产资源进行超前的地质研究，确定是否存在矿产储量，或评估特定区域能否用于从事与矿产开采无关的活动；

4) 对矿产储量及使用目的与矿产开采无关的矿产资源区，进行国家评审和国家统计；

5) обеспечение рационального и комплексного использования ресурсов недр на всех стадиях недропользования;

6) осуществление достоверного учёта извлекаемых и оставляемых в недрах запасов основных и совместно с ними залегающих полезных ископаемых и содержащихся в них попутных компонентов, продуктов переработки минерального сырья, отходов производства и потерь;

7) обеспечение охраны месторождений полезных ископаемых от истощения, загрязнения, затопления, обводнения, пожаров и других факторов, снижающих качество полезных ископаемых и промышленную ценность месторождений или осложняющих их разработку;

8) предотвращение вредного влияния работ, связанных с пользованием недрами, на сохранение запасов полезных ископаемых, сохранность эксплуатируемых и находящихся на консервации горных выработок и подземных сооружений, а также на состояние окружающей среды;

9) соблюдение правил консервации и ликвидации предприятий по добыче полезных ископаемых и подземных сооружений, не связанных с добычей полезных ископаемых;

10) предотвращение самовольной застройки площадей залегания полезных ископаемых и соблюдение установленного порядка использования этих площадей для иных целей;

5）确保在矿产资源利用的各个阶段合理和综合利用矿产资源；

6）对主要矿产和共生矿产及其所含伴生组分的可采储量和留在地下的储量，以及矿物原料的加工产品、生产废料和损失进行可靠性统计；

7）确保矿床得到保护，避免枯竭、污染、洪水、水淹、火灾和其他降低矿产品质和矿床工业价值或使其开发复杂化的因素的影响；

8）保护矿产储量、在运行或已封存巷道和地下构筑物，以及周围环境，防止与矿产资源利用相关的工程对其产生有害影响；

9）遵守针对矿产开采企业和与矿产开采无关的地下构筑物的封存和清算规定；

10）防止对矿产区进行任意建造，遵守这些区域用于其他目的的既定使用制度；

11) недопустимость хранения вредных веществ и токсичных отходов над месторождениями, залежами, объектами и сооружениями, расположенными в недрах;

12) предотвращение накопления промышленных и бытовых отходов в местах залегания подземных вод, которые используются с целью водоснабжения;

13) соблюдение иных требований рационального использования и охраны недр, предусмотренных законодательством Туркменистана.

2. В случае нарушения требований, предусмотренных частью 1 настоящей статьи, пользование недрами может быть ограничено, приостановлено или запрещено в соответствии с законодательством Туркменистана.

Статья 27. Общие экологические требования при использовании недр

1. При всех видах недропользования в приоритетном порядке должны соблюдаться экологические требования, предусмотренные законодательством Туркменистана об охране окружающей среды и природопользовании.

11）不允许在地下矿床、矿藏、设施和构筑物之上储存有害物质和有毒废物；

12）防止工业和生活废物堆积在用于供水的地下水源地；

13）遵守土库曼斯坦法律规定的矿产资源合理利用和保护的其他要求。

2. 如果违反本条第 1 部分规定的要求，可根据土库曼斯坦法律限制、暂停或禁止使用矿产资源。

第 27 条　矿产资源使用时的一般环境要求

1. 在所有类型的矿产资源使用中，必须优先遵守土库曼斯坦环境保护和矿产资源利用法规定的环境要求。

2. Обязательным условием для проведения работ по недропользованию является положительное заключение государственной экологической экспертизы, выдаваемое уполномоченным государственным органом в области охраны природы и содержащее выводы о целесообразности принятия решения по реализации планируемой хозяйственной и иной деятельности.

3. Общими экологическими требованиями при использовании недр являются:

1) использование недр в соответствии с требованиями экологического законодательства Туркменистана;

2) сохранение земной поверхности за счёт применения специальных методов разработки месторождений полезных ископаемых;

3) предотвращение техногенного опустынивания земель;

4) применение предупредительных мер, направленных на предотвращение проявлений опасных техногенных процессов при разведке, добыче полезных ископаемых, а также при строительстве и эксплуатации подземных сооружений, не связанных с разведкой и добычей полезных ископаемых;

5) обеспечение охраны недр от обводнения, пожаров и других стихийных факторов, осложняющих эксплуатацию и разработку месторождений полезных ископаемых;

2. 进行矿产资源利用工作时必须具备的先决条件是获得自然保护领域的国家授权机关在国家环境评审时给出的肯定结论。该结论包含对计划经营和其他活动决策实施的合理性的定论。

3. 矿产资源使用时的一般环境要求：

1）根据土库曼斯坦环境法的要求使用矿产资源；

2）采用专业的矿床开发方法保护地球表面；

3）防止土地出现技术成因的沙漠化；

4）采取预防措施，以防止因技术成因在矿产勘探、开采，以及与矿产勘探和开采无关的地下构筑物的建造和使用过程中出现的危险；

5）确保保护矿产资源，使其免受水淹、火灾和其他使矿床的开采和开发复杂化的自然因素的影响；

6) предотвращение загрязнения недр, особенно при подземном хранении нефти, газа или иных веществ и материалов, захоронении вредных веществ и отходов;

7) соблюдение установленного порядка приостановления, прекращения операций по недропользованию, консервации и ликвидации объектов разработки месторождений полезных ископаемых;

8) обеспечение экологических и санитарно-эпидемиологических требований при складировании и размещении отходов производства, также продукции, полученной после переработки полезных ископаемых;

9) предотвращение ветровой эрозии почвы, отвалов вскрышных пород и отходов производства, их окисления и самовозгорания;

10) изоляция поглощающих и пресноводных горизонтов для исключения их загрязнения;

11) предотвращение истощения и загрязнения подземных вод.

6）防止矿产资源污染，特别是在地下储存石油、天然气或其他物质和材料、掩埋有害物质和废物的情况下；

7）遵守暂停、终止矿产资源利用、矿床开发设施的封存和清理操作的既定制度；

8）在仓储和放置生产废料和矿产加工后的产品时保证满足环境和卫生流行病学的要求；

9）防止土壤、覆盖层岩石和生产废料堆场的风蚀、氧化和自燃；

10）隔离漏失层和淡水层以排除污染；

11）防止地下水枯竭和污染。

Статья 28. Основные требования к безопасному ведению работ, связанных с пользованием недрами

1. Строительство и эксплуатация предприятий по добыче полезных ископаемых, подземных сооружений различного назначения, проведение геологического изучения недр допускаются только при обеспечении безопасности жизни и здоровья работников указанных предприятий и населения в зоне влияния работ, связанных с пользованием недрами.

2. Ответственность за обеспечение безопасных условий проведения работ, связанных с пользованием недрами, возлагается на руководителей или собственников предприятий.

При возникновении непосредственной угрозы жизни и здоровью населения в зоне проводимых работ, связанных с пользованием недрами, недропользователь обязан незамедлительно приостановить работы и информировать об этом местные органы исполнительной власти и соответствующие государственные органы.

第 28 条 对安全开展与矿产资源使用相关工作的基本要求

1. 只有在保证这些矿产开采企业的员工和矿产资源利用作业影响区内的居民的生命和健康安全的情况下, 才允许对矿产开采企业、各种用途的地下构筑物进行建设和使用, 才允许进行矿产资源的地质研究。

2. 企业的负责人或所有者有责任确保矿产资源利用作业条件的安全。

如果在矿产资源利用作业区对居民的生命和健康造成直接威胁, 矿产资源的使用者有义务立即停止工作, 并将此事汇报给地方权力执行机关和相关国家机关。

3. Пользователи недр обязаны обеспечить выполнение требований настоящего Закона, иных нормативных правовых актов Туркменистана и нормативных документов по безопасному ведению работ, связанных с пользованием недрами.

3. 矿产资源使用者有义务确保执行本法、土库曼斯坦的其他标准法规和安全进行矿产资源利用作业的标准文件的要求。

Статья 29. Условия застройки площадей залегания полезных ископаемых и участков недр, не связанных с добычей полезных ископаемых

第29条 对矿区和与矿产开采无关的矿产资源区的建造条件

1. Запрещается проектирование и строительство населённых пунктов, промышленных комплексов и других хозяйственных объектов до получения заключения уполномоченного государственного органа в области геологии об отсутствии полезных ископаемых в недрах под участком предстоящей застройки.

2. Строительство (реконструкция) промышленных и сельскохозяйственных предприятий, населённых пунктов, зданий, сооружений и других хозяйственных объектов на площадях залегания полезных ископаемых, размещение в местах их залегания подземных сооружений, не связанных с добычей полезных ископаемых, запрещаются.

1. 在收到地质领域的授权国家机关关于拟建设区内不存在矿产资源的结论前，禁止设计和建造定居点、工业综合体和其他经营设施。

2. 禁止在矿产区建设（改建）工农业企业、居民点、建筑物、构筑物和其他经营设施，禁止在这些地方布置与矿产开采无关的地下构筑物。

3. Застройка площадей залегания полезных ископаемых, а также размещение на этих площадях подземных сооружений, не связанных с добычей полезных ископаемых, допускаются в исключительных случаях по разрешению Кабинета Министров Туркменистана при соблюдении условий:

1) обеспечения возможности извлечения из недр запасов полезных ископаемых;

2) возмещения затрат, связанных с выемкой запасов полезных ископаемых при невозможности извлечения их из недр.

4. Целесообразность выемки запасов полезных ископаемых, залегающих под застроенными территориями, или сохранения объектов, застроенных на площадях залегания полезных ископаемых, устанавливается технико-экономическими расчётами и обоснованием.

В случае самовольной застройки площадей залегания полезных ископаемых и (или) возведения подземных сооружений виновные лица обязаны возместить ущерб, нанесённый недрам и окружающей среде, в соответствии с законодательством Туркменистана без компенсации произведённых затрат.

3. 在特殊情况下，经土库曼斯坦内阁批准，在遵守以下条件的情况下，允许在矿产区进行建设，以及在这些地方布置与矿产开采无关的地下构筑物：

1) 确保从地下开采矿产储量的可能性；

2) 当不可能从地下采出时，则对矿产储量开采费用进行补偿。

4. 通过经济技术计算和论证，确定在建筑区下方开采矿产储量或保留矿产区已建设施的可行性。

如果在矿产区擅自建造和（或）进行地下设施的建造，违法者有责任根据土库曼斯坦法律对矿产资源和环境造成的损害进行赔偿，而所发生的费用不予补偿。

5. Физические и юридические лица, виновные в самовольной застройке площадей залегания полезных ископаемых и в самовольном размещении на этих площадях подземных сооружений, не связанных с добычей полезных ископаемых, а также в нарушении условий, на которых выдано разрешение на застройку, несут ответственность в соответствии с законодательством Туркменистана.

5. 在矿产区擅自建设和在这些地区擅自布置与矿产开采无关的地下构筑物，以及违反建筑许可证签发条件的违法自然人和法人，将根据土库曼斯坦的法律承担责任。

Статья 30. Охрана участков недр, представляющих особую научную, историческую или культурную ценность

第 30 条 保护具有特殊的科学、历史或文化价值的矿产资源区

1. Редкие геологические обнаружения, минералогические образования, палеонтологические объекты, участки недр, представляющие особую научную, историческую или культурную ценность, могут быть объявлены в установленном законодательством Туркменистана порядке государственными природными заповедниками, заказниками либо государственными памятниками природы. Хозяйственная и иная деятельность на указанных территориях либо на территории указанных объектов регулируется законодательством Туркменистана об особо охраняемых природных территориях.

1. 稀有地质发现、矿物建造、古生物研究对象及具有特殊科学、历史或文化价值的矿产资源区，可以按照土库曼斯坦法律规定的方式宣布为国家自然保护区、禁猎区或国家自然遗址。在上述地区内或指定目标区内的经营活动和其他活动，受土库曼斯坦关于特别自然保护区的法律调节。

2. В случае обнаружении при пользовании недрами редких геологических и минералогических образований, метеоритов, палеонтологических, археологических и других объектов, представляющих интерес для науки или культуры, пользователи недр обязаны приостановить работы на соответствующем участке, обеспечить их сохранность и сообщить об этом местным органам исполнительной власти и соответствующим государственным органам.

Статья 31. Ликвидация и консервация предприятий, связанных с пользованием недрами

1. Ликвидация и консервация предприятий по добыче полезных ископаемых и использованию недр в иных целях, не связанных с добычей полезных ископаемых, осуществляются в следующих случаях:

1) истечения срока пользования недрами;

2) полной отработки балансовых запасов полезных ископаемых при отсутствии перспектив их прироста и невозможности вовлечения в добычу забалансовых запасов;

2. 如果在使用矿产资源的过程中发现稀有地质和矿物建造、陨石，古生物学、考古学和其他具有科学或文化意义的研究目标时，矿产资源使用者有义务停止相关地区的工作，确保其完好性，并向地方当局和相关国家机关报告。

第31条 对使用矿产资源的企业进行清算和封存

1. 对于矿产开采企业和与矿产开采无关的目的使用矿产资源的其他企业，在以下情况下进行清算和封存：

1）矿产资源的使用期限届满；

2）当表内矿产储量全部采出，没有储量增长的前景，也不可能引入表外储量开采的情况；

3) экономической нецелесообразности дальнейшей разработки месторождения полезных ископаемых или его части, а также пользования недрами в иных целях;

4) возникновения угрозы затопления, пожара и разрушения горных выработок, предотвращение которых технически невозможно;

5) отсутствия надобности в пользовании недрами в иных целях, не связанных с добычей полезных ископаемых.

2. Ликвидация и консервация горного предприятия по добыче полезных ископаемых и использованию недр в иных целях, не связанных с добычей полезных ископаемых, осуществляются пользователем недр по специальному проекту, согласованному с соответствующими уполномоченными государственными органами в области использования и охраны недр.

3. При ликвидации либо консервации предприятий, связанных с использованием недр, недропользователь обязан:

1) выполнить на момент завершения работ геологическую и маркшейдерскую документацию и сдать её на хранение по акту в уполномоченный государственный орган в области геологии;

2) привести горные выработки в состояние, обеспечивающее безопасность населения, зданий и сооружений, охрану окружающей среды, а также сохранность месторождения полезных ископаемых;

3）进一步开发矿床或其中的一部分，以及将矿产资源用于其他目的，在经济上出现不合理；

4）巷道遭受技术上无法预防的洪水、火灾和破坏的威胁；

5）没有与矿产开采无关的其他目的使用矿产资源的需要。

2. 对于矿产开采企业和其他与矿产开采无关目的使用矿产资源的企业，由矿产资源使用者根据矿产资源利用和保护领域的相关授权国家机关批准的特殊方案对其进行清算和封存。

3. 如果使矿产资源利用企业清算或停业封存，矿产资源使用者有义务：

1）在工作结束时，完成地质和矿山测量文件，并根据证明文件将其提交给地质领域的授权国家机关保存；

2）使巷道处于确保居民、建筑物和构筑物安全、环境保护的状态，同时使矿床保持完好性；

3) провести работы по приведению земной поверхности в состояние, пригодное для дальнейшего хозяйственного использования (рекультивация);

4) провести экспертную оценку состояния горного массива (устойчивость, возможность обвалов).

4. До завершения процесса ликвидации или консервации горных предприятий пользователь недр выполняет все обязанности по использованию недр и несёт ответственность в соответствии с договором и настоящим Законом.

5. Ликвидация или консервация горного предприятия или подземных сооружений, не связанных с добычей полезных ископаемых, считается завершённой после подписания соответствующими уполномоченными государственными органами в области использования и охраны недр акта на ликвидацию или консервацию по согласованию с местными органами исполнительной власти.

6. При полной или частичной ликвидации либо консервации горного предприятия горные выработки должны быть приведены в состояние, обеспечивающее безопасность населения, зданий и сооружений, охрану окружающей среды, а при консервации –также и сохранность месторождения полезных ископаемых, горных выработок на всё время консервации.

3）开展工作，使地面达到适合进一步经营利用的状态（复垦）；

4）对矿体的状况（稳定性、崩塌的可能性）进行专家评估。

4. 在采矿企业清算或封存的过程结束之前，矿产资源使用者根据合同和本法规定履行所有使用矿产资源的义务和责任。

5. 经地方当局同意后，在矿产资源利用和保护领域的相应授权国家机关在清算或封存文件上签字之后，认为矿产开采企业或与矿产开采无关的地下构筑物的清算或封存结束。

6. 当对采矿企业进行全部或部分清算或封存时，使巷道处于确保居民、建筑物和构筑物安全、环境保护的状态，而在封存过程中，同时使矿床、巷道在封存过程中始终保持完好性。

Глава V. Геологическое изучение недр

第 5 章　矿产资源的地质研究

Статья 32. Цели и задачи геологического изучения недр

第 32 条　矿产资源的地质研究目的和任务

1. Геологическое изучение недр производится в целях получения необходимой и достоверной информации о недрах и оценки запасов полезных ископаемых, определения закономерностей их образования и размещения, установления горнотехнических и других условий разработки месторождений полезных ископаемых и использования недр для целей, не связанных с добычей полезных ископаемых.

1. 对矿产资源进行地质研究，以获得有关矿产资源的必需的和可靠的信息资料，评估矿产储量，确定其形成和分布的规律，为矿床的开发和矿产资源的利用创造矿山技术条件和其他条件，以实现与矿产开采无关的目的。

2. Задачами геологического изучения недр являются:

1) комплексное изучение недр;

2) получение информации, обеспечивающей рациональное, эффективное и безопасное пользование недрами;

3) развитие минерально-сырьевой базы;

4) выявление новых месторождений полезных ископаемых и воспроизводство минерально-сырьевой базы;

5) геолого-экономическая оценка месторождений полезных ископаемых.

2. 矿产资源地质研究的任务是：

1) 对矿产资源进行综合研究；

2) 获取确保合理、高效和安全使用矿产资源的信息资料；

3) 发展矿物原料基地；

4) 查明新矿床并使矿物原料基地进行再生产；

5) 对矿床进行地质和经济评价。

Статья 33. Основные требования к геологическому изучению недр

При геологическом изучении недр должно быть обеспечено:

1) рациональное, научно обоснованное направление и эффективность работ по геологическому изучению недр;

2) объективность и необходимая полнота информации о геологическом строении недр, гидрогеологических, технологических, горнотехнических, экологических и других условиях разработки месторождений полезных ископаемых, а также строительства и эксплуатации подземных сооружений, не связанных с добычей полезных ископаемых;

3) достоверность определения качества и количества основных и совместно с ними залегающих запасов полезных ископаемых и содержащихся в них попутных компонентов;

4) изученность технологических свойств руд, разработка малоотходных и безотходных технологий переработки минерального сырья;

第 33 条 对矿产资源地质研究的主要要求

在进行矿产资源的地质研究时,应确保:

1)对矿产资源地质研究工作的方向和效果进行合理、科学地论证;

2)下列信息资料的客观性和完整性:矿产资源的地质构造,矿床开发的水文地质、工艺、矿山技术、环境保护和其他条件,以及与矿产开采无关的地下构筑物的建设和使用情况;

3)确定主要矿产和共生矿产及其所含伴生组分的储量品质和数量的可靠性;

4)矿石工艺特性的研究程度,研发矿物原料低废和无废加工技术;

5）保存好在矿产资源地质研究、巷道勘探和钻井过程中获得的地质文件和其他文件，以及岩石和矿石样品和样品副本，这些资料将可以用于后续地质研究和矿床开发，以及为与矿产开发无关的目的使用矿产资源时利用；

6）技术成因矿料的数量和品质特征的可靠性；

7）有效安置从地下采出的岩石和矿产，排除它们对环境产生的有害影响。

第 34 条　已探明矿床工业开发前的准备和转入正式开发

1. 已探明的矿床或区块，其矿产储量经矿产储量委员会批复后，应进行工业开发。

2. 由独立国际审计组织评估的矿产储量，应进行国家评审和矿产储量委员会的批准。

3. Организация, разведавшая месторождение полезных ископаемых, и Комиссия по запасам полезных ископаемых несут ответственность за достоверность геологической и иной информации в соответствии с законодательством Туркменистана.

4. Разведанные месторождения полезных ископаемых, для которых не разработаны эффективные технологические схемы обогащения и переработки полезных ископаемых, подлежат консервации и в промышленное освоение не передаются.

5. Порядок передачи месторождений полезных ископаемых в промышленное освоение устанавливается Кабинетом Министров Туркменистана.

Статья 35. Первооткрыватели месторождений полезных ископаемых

1. Физические лица, открывшие и (или) разведавшие имеющее промышленную ценность неизвестное ранее месторождение полезных ископаемых, а также выявившие дополнительные запасы полезных ископаемых или новое полезное ископаемое на ранее известном месторождении полезных ископаемых, существенно увеличивающие его промышленную ценность, признаются первооткрывателями месторождений полезных ископаемых.

3. 根据土库曼斯坦的法律，矿床勘探单位和矿产储量委员会对地质资料和其他资料的可靠性承担责任。

4. 尚未编制有效的矿产分选和加工工艺方案的已探明矿床，应进行封存，不得转为工业开发。

5. 由土库曼斯坦内阁制定矿床转为工业开发的程序。

第35条　矿床的首先发现者

1. 以下自然人被认为是矿床的首先发现者：发现和（或）勘探到具有工业价值的、以前未知的矿床，以及在以前已知的矿床发现新增储量或新矿产，显著提高其工业价值。

2. Первооткрыватели месторождений полезных ископаемых имеют право на вознаграждение.

3. Порядок вознаграждения первооткрывателей месторождений полезных ископаемых определяется Кабинетом Министров Туркменистана.

Статья 36. Геологическая информация о недрах

1. Геологическая информация о недрах включает в себя сведения о геологическом строении недр, качестве и количестве находящихся в них запасов полезных ископаемых и иных ресурсов недр, об условиях их добычи или использования, о явлениях и процессах, происходящих в недрах, сведения о которых содержатся в геологических отчётах, картах, иных текстовых и графических документах и материалах, зафиксированных на материальных (бумажных), электронных или иных носителях.

Результаты обработки геологической информации о недрах являются предметом интеллектуальной собственности. Её использование регулируется законодательством Туркменистана об интеллектуальной собственности.

2. 矿床的首先发现者拥有获取报酬的权利。

3. 由土库曼斯坦内阁确定矿床首先发现者的奖励制度。

第 36 条 矿产资源的地质资料

1. 矿产资源的地质资料包括：矿产资源的地质构造，其矿产储量和矿产资源其他资源量的数量和品质，矿产资源的开采和利用条件，矿产资源中出现的现象和作用。这些信息都包含在地质报告、图件、其他文本文件和图表文件，以及以物质（纸质）载体、电子或其他载体记录的材料中。

矿产资源地质资料的处理成果属于知识产权保护的对象。其使用受土库曼斯坦知识产权法调节。

2. Независимо от источника финансирования, геологическая информация о недрах в обязательном порядке безвозмездно передаётся на хранение, систематизацию и обобщение в уполномоченный государственный орган в области геологии.

Состав геологической информации о недрах, сроки и порядок её предоставления устанавливаются уполномоченным государственным органом в области геологии.

Геологическая информация о недрах предоставляется физическими и юридическими лицами, осуществляющими геологическое изучение недр, добычу полезных ископаемых, использование недр в целях, не связанных с добычей полезных ископаемых.

3. Уполномоченный государственный орган в области геологии осуществляет накопление геологической информации о недрах, её систематизацию, обобщение и использование в целях:

1) обоснования оценки текущего и перспективного состояния минерально-сырьевой базы страны;

2) обоснования направлений и стратегии геологоразведочных работ;

3) ведения государственных балансов запасов полезных ископаемых;

2. 无论资金来源如何，矿产资源的地质资料都必须免费转交给地质领域的授权国家机关进行保存、分类和汇总。

有关矿产资源地质资料的组成、提交的时间和程序，均由地质领域的国家授权机关予以规定。

由从事矿产资源地质研究、矿产开采、将矿产资源用于与矿产开采无关的目的的自然人和法人提供地下资源的地质资料。

3. 地质领域的授权国家机关对矿产资源的地质资料进行收集、系统化、总结，并用于以下目的：

1) 对国家的矿物原料基地的现状和未来状况的评估情况进行论证；

2) 对地质勘探工作的方向和战略进行论证；

3) 对国家矿产储量平衡表进行管理；

4) учёта работ по геологическому изучению недр;

5) выдачи заключений о наличии или об отсутствии в границах испрашиваемого земельного участка разведанного месторождения полезных ископаемых;

6) проектирования и создания горных предприятий, осуществляющих добычу полезных ископаемых и их первичную обработку (очистка, обогащение);

7) в иных целях, предусмотренных законодательством Туркменистана.

4. Геологическая информация о недрах, хранящаяся у уполномоченного государственного органа в области геологии, не подлежит распространению в случаях, предусмотренных законодательством Туркменистана.

5. В структуре уполномоченного государственного органа в области геологии работы по накоплению геологической информации о недрах, её систематизации и обобщению осуществляет Геологический фонд Туркменистана.

Структура Геологического фонда Туркменистана и порядок его формирования, ведения и использования его данных устанавливаются Кабинетом Министров Туркменистана.

4) 对矿产资源的地质研究工作进行统计;

5) 就所申请地块范围内是否存在已探明矿床给出结论;

6) 设计和创建从事矿产开采及其初级加工(精制、分选)的采矿企业;

7) 土库曼斯坦法律规定的其他用途。

4. 由地质领域的授权国家机关保存的矿产资源的地质资料,在土库曼斯坦法律规定的情况下不应进行传播。

5. 在地质领域的国家授权机关的机构中,由土库曼斯坦地质基金会对矿产资源的地质资料进行收集、系统化和总结。

土库曼斯坦地质基金会的机构和其成立、其资料的管理与使用制度,由土库曼斯坦内阁规定。

Статья 37. Право собственности на геологическую информацию о недрах

1. Информация о геологическом строении недр, находящихся в них полезных ископаемых, величине запасов полезных ископаемых, геологических параметрах месторождений полезных ископаемых, об условиях их разработки, а также иных особенностях недр, содержащаяся в геологических отчётах, картах и иных материалах, является собственностью государства.

2. Должностные лица Геологического фонда Туркменистана обязаны обеспечить конфиденциальность предоставляемой им геологической информации о недрах и несут ответственность за её сохранность в соответствии с законодательством Туркменистана.

Срок конфиденциальности всей геологической информации о недрах или её части, а также возможность и условия передачи геологической информации о недрах из собственности недропользователя в собственность государства определяются договором (контрактом).

第 37 条 矿产资源地质资料的所有权

1. 地质报告、图件和其他资料中所包含的以下资料信息为国家所有：含有矿产资源的地质构造，矿产的储量值，矿床的地质参数，矿床开发的条件，以及矿产资源的其他特征。

2. 根据土库曼斯坦法律规定，土库曼斯坦地质基金会的职责人员有义务确保对提交的矿产资源的地质资料进行保密，并负责保存。

矿产资源全部或部分地质资料的保密期限，以及矿产资源地质资料从矿产资源使用者所有转为国家所有的可能性和条件，均由协议（合同）规定。

Геологический фонд Туркменистана не вправе в течение установленного лицензией срока без согласия недропользователя, проведшего геологоразведочные работы за счёт собственных средств, использовать геологическую информацию о недрах в коммерческих целях.

3. Порядок использования геологической информации о недрах, являющейся государственной собственностью, в учебных, научных, коммерческих и иных целях определяется Кабинетом Министров Туркменистана.

4. Использование в учебных, научных, коммерческих и иных целях геологической информации о недрах, полученной за счёт средств недропользователя и переданной им в соответствии с частью 2 настоящей статьи Геологическому фонду Туркменистана, допускается по согласованию с обладателем лицензии на проведение работ, в результате которых получена эта информация.

5. При прекращении действия договора (контракта) вся имеющаяся геологическая информация о недрах безвозмездно передаётся недропользователем в собственность государства.

6. Право собственности на геологическую и иную информацию о недрах охраняется в порядке, установленном законодательством Туркменистана.

未经依靠自有资金开展地质勘探工作的矿产资源使用者同意，土库曼斯坦地质基金会无权在许可证规定的期限内将矿产资源的地质资料用于商业目的。

3. 为教育、科学、商业和其他目的使用国家所有的矿产资源地质资料的制度，由土库曼斯坦内阁确定。

4. 对于依靠矿产资源使用者的资金获得，并由其根据本条第 2 部分转交给土库曼斯坦地质基金会的矿产资源的地质资料，在经过获得该资料的工作许可证持有人同意之后，允许用于教育、科学、商业和其他目的。

5. 当协议（合同）终止时，所有现有的矿产资源地质资料均由矿产资源使用者免费转让给国家所有。

6. 关于矿产资源的地质资料和其他资料的所有权，按土库曼斯坦法律规定的程序受到保护。

7. Пользование геологической информацией о недрах осуществляется на платной основе. Размер платы за пользование геологической информации о недрах устанавливается Кабинетом Министров Туркменистана.

7. 使用矿产资源的地质资料应付费。矿产资源地质资料的使用费用由土库曼斯坦内阁规定。

Глава VI. Государственный учёт пользования недрами и состояния минерально-сырьевой базы

第 6 章 对矿产资源的利用情况和矿物原料基地的状况进行国家统计

Статья 38. Ведение государственного учёта пользования недрами и состояния минерально-сырьевой базы

第 38 条 对矿产资源的利用情况和矿物原料基地的状况进行国家统计管理

1. Государственный учёт пользования недрами на всех стадиях недропользования является основой разработки стратегии развития минерально-сырьевой базы Туркменистана и проводится при геологическом изучении недр, добыче полезных ископаемых и переработке минерального сырья, пользовании недрами в иных целях, использовании отходов производства.

1. 国家对矿产资源利用情况的统计是制定土库曼斯坦矿物原料基地发展战略的基础，在矿产资源利用的各个阶段都需要进行国家统计，如矿产资源的地质研究、矿产开采和矿物原料加工、为其他目的使用矿产资源、生产废料的利用等。

2. В целях обеспечения планирования работ по геологическому изучению и использованию недр для добычи полезных ископаемых, а также для решения других задач:

1) проводится государственная регистрация и ведётся учёт работ по геологическому изучению и использованию недр для добычи полезных ископаемых и в иных целях;

2) проводится государственная экспертиза, оценка и утверждение запасов полезных ископаемых Комиссией по запасам;

3) ведётся государственный баланс запасов полезных ископаемых;

4) ведутся государственные кадастры месторождений и проявлений полезных ископаемых и техногенных минеральных образований;

5) ведётся государственный учёт минералогических, палеонтологических, иных уникальных природных геологических объектов;

6) производится списание запасов полезных ископаемых;

7) ведётся государственный учёт участков недр, используемых в целях, не связанных с добычей полезных ископаемых.

3. Государственный учёт пользования недрами Туркменистана осуществляется в порядке, устанавливаемом Кабинетом Министров Туркменистана.

2. 为针对矿产开采和解决其他问题而进行的地质研究工作和矿产资源利用等制定工作规划：

1）为矿产开发和其他目的进行的地质研究、矿产资源利用等工作应进行国家注册和登记；

2）储量委员会对矿产储量进行国家鉴定、评估和批准；

3）编制国家矿产储量平衡表；

4）对矿藏、矿产显示和技术成因矿料编纂矿藏志；

5）对矿物学、古生物学和其他独特的自然地质体进行国家统计；

6）矿产储量注销；

7）对用于与矿产开采无关的矿产资源区进行国家统计。

3. 根据土库曼斯坦内阁规定的程序，对土库曼斯坦矿产资源的利用情况进行国家统计。

Статья 39. Государственная регистрация работ по геологическому изучению недр

Работы по геологическому изучению и использованию недр для добычи полезных ископаемых и в иных целях, проводимые на территории Туркменистана, включая туркменский сектор Каспийского моря и трансграничные месторождения полезных ископаемых, осуществляются только после их государственной регистрации уполномоченным государственным органом в области геологии.

Статья 40. Государственная экспертиза в области недропользованияъ

1. В целях создания условий для рационального комплексного использования недр, определения платы за пользование недрами, границ участков недр, предоставляемых в пользование, запасы полезных ископаемых разведанных месторождений, оценённых государственными предприятиями и (или) международными компаниями, подлежат государственной экспертизе и утверждению Комиссией по запасам.

第39条 对矿产资源的地质研究工作进行国家登记

在土库曼斯坦境内,包括里海的土库曼斯坦境内水域和跨界矿床上开展矿产资源地质研究和矿产开采及其他目的使用矿产资源的工作,只有经地质领域的国家授权机关对其完成国家登记之后才能进行。

第40条 矿产资源利用领域的国家评审

1. 为了创造合理综合利用矿产资源的条件,确定矿产资源的使用费和提供使用的矿产资源区块边界,经过国有企业和(或)国际公司评估的已探明矿床,其矿产储量应进行国家评审并经过国家储量委员会审批。

2. Предоставление права пользования недрами для добычи полезных ископаемых разрешается только после проведения государственной экспертизы запасов полезных ископаемых. Заключение государственной экспертизы о разведанных запасах полезных ископаемых является основанием для их постановки на государственный учёт (баланс).

Государственная экспертиза может проводиться на любой стадии геологического изучения месторождения полезных ископаемых.

3. Государственной экспертизе подлежит также геологическая информация об участках недр, пригодных для строительства и эксплуатации подземных сооружений, не связанных с добычей полезных ископаемых. Предоставление таких участков недр в пользование разрешается только после проведения государственной экспертизы геологической информации о недрах.

4. Порядок проведения государственной экспертизы и утверждение запасов полезных ископаемых Комиссией по запасам, а также размер платы за проведение государственной экспертизы определяются Кабинетом Министров Туркменистана.

2. 只有在对矿产储量进行国家评审之后，才允许提供矿产资源的使用权以进行矿产开采。国家关于已探明矿产储量的评审结论是其国家登记（平衡表）的基础。

国家评审可在矿床地质研究的任何阶段进行。

3. 适合用于与矿产开采无关的地下构筑物建设和使用的矿产资源区，其地质资料同样应进行国家评审。只有在对矿产资源的地质资料进行国家评审之后，才允许提供这些矿产资源区供使用。

4. 储量委员会对矿产储量进行国家评审和批准的程序，以及进行国家评审的费用，由土库曼斯坦内阁决定。

Статья 41. Государственный баланс запасов полезных ископаемых

1. Государственный баланс запасов полезных ископаемых ведётся в целях учёта состояния минерально-сырьевой базы. Он должен содержать сведения о количестве, качестве и степени изученности запасов каждого вида полезного ископаемого по месторождениям, имеющим промышленное значение (в том числе в охранных целиках), об их размещении, о степени промышленного освоения, добыче, потерях, разубоживании и об обеспеченности промышленности разведанными запасами полезных ископаемых.

2. Государственный баланс запасов полезных ископаемых составляется ежегодно и ведётся на основании представляемой в Геологический фонд Туркменистана отчётности пользователей недр, осуществляющих разработку месторождений полезных ископаемых и переработку минерального сырья, независимо от форм собственности.

第 41 条 国家的矿产储量平衡表

1.国家矿产储量平衡表用于统计矿物原料基地的情况。其应包含下列信息：具有工业价值矿床中（包括保安矿柱中）每种矿产的储量、品质和研究程度，分布范围，工业开发程度，开采量，损失，贫化和已探明矿产储量的工业安全性。

2.国家矿产储量平衡表每年编制一次，编制的依据是从事矿床开发和矿物原料加工的矿产资源使用者向土库曼斯坦地质基金会提交的报告，无论其所有权形式如何。

Статья 42. Государственный кадастр месторождений и проявлений полезных ископаемых

1. Государственный кадастр месторождений и проявлений полезных ископаемых ведётся в целях обеспечения разработки государственных и отраслевых программ геологического изучения недр, комплексного использования месторождений полезных ископаемых, рационального размещения предприятий по их добыче, а также в целях решения других хозяйственных задач.

2. Государственный кадастр месторождений и проявлений полезных ископаемых включает в себя сведения по каждому месторождению полезных ископаемых, характеризующие количество и качество основных и совместно с ними залегающих полезных ископаемых и содержащихся в них полезных компонентов, горнотехнические, гидрогеологические, экологические и другие условия разработки месторождения и его геолого-экономическую оценку, а также сведения по каждому проявлению полезных ископаемых.

第42条 国家矿床和矿产显示清册

1. 国家矿床和矿产显示清册用于保障国家和地区地质研究规划的研发、矿床的综合利用、采矿企业的合理部署，以及解决其他经营问题。

2. 国家矿床和矿产显示清册包括每个矿床的信息，表征主要矿产和共生矿产及其所含有用组分的数量和品质，矿山技术、水文地质、环境条件和其他的矿床开发条件及其地质经济评价，同时包括矿产的所有显示信息。

3. Государственный кадастр месторождений и проявлений полезных ископаемых составляется и ведётся Геологическим фондом Туркменистана на основании геологической информации о недрах, представляемой физическими и юридическими лицами, осуществляющими геологическое изучение недр, разведку и разработку месторождений основных и попутных полезных ископаемых.

Статья 43. Государственный кадастр техногенных минеральных образований

1. Все техногенные минеральные образования (отходы при добыче и переработке полезных ископаемых) в соответствии с положениями настоящего Закона подлежат паспортизации и учёту в целях рационального использования и охраны недр и окружающей среды.

2. Государственный кадастр техногенных минеральных образований должен содержать сведения по каждому складируемому объекту на местах добычи полезных ископаемых с характеристикой типа и вида техногенных минеральных образований с указанием их качественных и количественных показателей, горнотехнических, экологических условий хранения.

3. 土库曼斯坦地质基金会根据从事矿产资源地质研究、主要矿产和伴生矿产勘探开发的自然人和法人提供的矿产资源的地质资料，编制和维护国家矿床和矿产显示清册。

第43条 技术成因矿料的国家清册

1. 根据本法的规定，所有技术成因的矿料（矿产开采和加工时的废料）都必须经过鉴定和统计，以合理利用和保护矿产资源和环境。

2. 国家的技术成因矿料清册必须包含矿产开采地每个矿料贮存设施的信息，说明技术成因矿料的类型、定性和定量指标、矿山技术和环保条件。

3. Государственный кадастр техногенных минеральных образований ведётся Геологическим фондом Туркменистана на основании отчётных данных пользователей недр.

3. 由土库曼斯坦地质基金会根据矿产资源使用者的报告资料，对国家的技术成因矿料清册进行管理。

Статья 44. Государственный учёт минералогических, палеонтологических и иных уникальных геологических природных объектов и материалов

第 44 条　对矿物学、古生物学和其他独特的自然地质物体和材料进行国家统计

1. Государственному учёту подлежат следующие минералогические, палеонтологические и иные уникальные геологические природные объекты и материалы:

1）минералогические, литологические, петрографические материалы, имеющие поисковое значение для выявления месторождений или представляющие познавательную и эстетическую ценность;

2）минералы, горные породы и полезные ископаемые с редкими, необычными физическими свойствами, крупные кристаллы и их сростки;

3）редкие горные породы и виды полезных ископаемых, их своеобразные выходы на поверхность или необычные проявления в горных выработках;

1. 以下矿物学、古生物学和其他独特的地质自然物体和材料应进行国家统计：

1）具有找矿意义或具有认知和审美价值的矿物、岩性、岩相材料；

2）具有稀有、异常物理特性的矿物、岩石和矿产，大颗粒的晶体及其共生体；

3）稀有岩石和矿产类型，其独特的地表出露或巷道中的异常显示；

4）палеонтологические остатки, имеющие важное значение для биостратиграфии и воспроизведения физико-географической обстановки геологического прошлого;

5）естественные и искусственные геологические обнажения со стратотипами, а также с редкими или не характерными для конкретного региона геологическими разрезами;

6）участки недр, в границах которых горные породы отражают типоморфные особенности состава, строения и развития земной коры.

2. Минералогические, палеонтологические и иные уникальные геологические природные объекты и материалы, состоящие на государственном учёте, подлежат охране в соответствии с законами Туркменистана «Об особо охраняемых природных территориях», «Об охране объектов национального историко-культурного наследия».

3. Государственный учёт минералогических, палеонтологических и иных уникальных геологических природных объектов и материалов осуществляется уполномоченным государственным органом в области геологии.

4）对于生物地层学和重现古老的地质时代自然地理环境具有重要意义的古生物遗迹;

5）天然的和人工的地层单元露头，并且具有罕见或某地区非典型的地质剖面;

6）其范围内的岩石反映地壳组成、构造和发育的标型特征的矿产资源区。

2. 根据土库曼斯坦《有关特别自然保护区》《国家历史文化遗产保护法》，国家统计中的矿物学、古生物学和其他独特的地质自然物体和材料应受到保护。

3. 由地质领域的授权国家机关对矿物学、古生物学和其他独特的自然地质物体和材料进行国家统计。

Статья 45. Списание запасов полезных ископаемых

1. Запасы полезных ископаемых, погашенные в процессе их добычи либо не подтвердившиеся при последующем геологическом изучении или разработке месторождения, утратившие промышленное значение, подлежат списанию с баланса пользователя недр с внесением соответствующих изменений в государственный баланс запасов полезных ископаемых.

2. Списание запасов полезных ископаемых (кроме общераспространённых) производится на основании решения уполномоченного государственного органа в области геологии по ходатайству недропользователя и при наличии заключения уполномоченного государственного органа в области контроля за рациональным использованием и охраной недр, безопасным ведением работ, связанных с пользованием недрами, и Комиссии по запасам.

第45条 矿产储量注销

1. 矿产开采过程中动用的、在随后的地质研究或矿床开发中未确认的、已失去工业意义的矿产储量,应从矿产资源使用者的平衡表中注销,并对国家的矿产储量平衡表进行相应地更改。

2. 地质领域的国家授权机关根据矿产资源使用者的请求,并且当国家授权机关在对矿产资源合理利用和保护、矿产利用相关工作安全进行的监督得出结论的情况下,根据地质领域的国家授权机关和储量委员会的决定,对矿产(普通矿除外)储量进行注销。

Статья 46. Государственный учёт участков недр, используемых для целей, не связанных с добычей полезных ископаемых

Участки недр, используемые для целей, не связанных с добычей полезных ископаемых, подлежат учёту, осуществляемому Геологическим фондом Туркменистана в порядке, установленном Кабинетом Министров Туркменистана.

第46条 对与矿产开采无关的矿产资源区进行国家统计

对与矿产开采无关的矿产资源区，应由土库曼斯坦地质基金会按照土库曼斯坦内阁规定的程序进行统计。

Глава VII. Государственный контроль за использованием и охраной недр

Статья 47. Задачи государственного контроля за использованием и охраной недр

Задачей государственного контроля за использованием и охраной недр является обеспечение соблюдения всеми физическими и юридическими лицами-пользователями недр требований законодательства Туркменистана в области использования и охраны недр, правил ведения государственного учёта и отчётности в процессе ведения работ, связанных с пользованием недрами.

第 7 章 对矿产资源的利用和保护进行国家监督

第 47 条 矿产资源利用和保护的国家监督任务

矿产资源利用和保护的国家监督任务是确保所有的自然人和法人——矿产资源使用者遵守土库曼斯坦矿产资源利用和保护领域的法律要求，遵守矿产资源利用工作过程中的国家统计和汇报规范。

Статья 48. Виды государственного контроля в области использования и охраны недр

1. В области использования и охраны недр и их ресурсов действуют следующие виды государственного контроля:

1) контроль в области рационального использования и охраны недр;

2) контроль в области геологического изучения недр;

3) природоохранный контроль;

4) контроль за безопасным ведением работ в области недропользования.

2. Государственный контроль за использованием и охраной недр возлагается на уполномоченные государственные органы в области использования и охраны недр, указанные в пунктах 1-4 части 2 статьи 6 настоящего Закона, а также на специальные органы государственного контроля в соответствии с законодательством Туркменистана.

3. Компетенция уполномоченных государственных органов в области использования и охраны недр определяется настоящим Законом и положениями об этих органах, утверждаемыми Кабинетом Министров Туркменистана.

第 48 条 矿产资源利用和保护领域的国家监督种类

1. 国家对矿产资源和资源量的利用和保护实施以下监督：

1) 矿产资源合理使用和保护领域的监督；

2) 矿产资源地质研究领域的监督；

3) 环保监督；

4) 矿产资源利用方面安全工作的监督。

2. 国家对矿产资源利用和保护的监督，应由本法第 6 条第 2 部分第 1~4 款规定的矿产资源利用和保护行业的授权国家机关，以及土库曼斯坦法律规定的特别国家监察机关承担。

3. 矿产资源利用和保护行业的国家授权机关的权限，由本法和土库曼斯坦内阁批准的有关这些机关的条例确定。

Компетенция специальных органов государственного контроля определяется в соответствии с законодательством Туркменистана.

4. Порядок осуществления государственного контроля за использованием и охраной недр определяется законодательством Туркменистана.

特别国家监察机关的权限根据土库曼斯坦法律确定。

4.矿产资源利用和保护的国家监督程序,由土库曼斯坦法律确定。

Глава Ⅷ. Платежи за пользование недрами

Статья 49. Плата за пользование недрами

1. Пользование недрами является платным, за исключением случаев, предусмотренных статьей 54 настоящего Закона.

2. Плата за пользование недрами устанавливается для экономического стимулирования рационального и комплексного использования минерально-сырьевых ресурсов, охраны недр и окружающей среды, регулирования рыночных отношений в области недропользования и решения социальных задач.

3. Порядок, размеры и условия взимания платы за пользование недрами устанавливаются Кабинетом Министров Туркменистана.

第8章 矿产资源的使用费

第49条 矿产资源使用费

1. 除本法第54条规定的情形外，矿产资源的使用应当付费。

2. 规定付费使用矿产资源目的在于促进合理综合利用矿物原料资源、保护矿产资源和环境、协调矿产资源利用领域的市场关系和解决其他社会问题。

3. 由土库曼斯坦内阁规定矿产资源使用费的收费制度、收费数额和收费条件。

Статья 50. Система платежей и льгот при пользовании недрами

1. Система платежей и льгот при пользовании недрами действует на всей территории Туркменистана, включая туркменский сектор Каспийского моря и трансграничные месторождения полезных ископаемых, и распространяется на всех пользователей недр.

2. Система платежей и льгот, используемая при пользовании недрами, включает в себя плату за право пользования недрами и другие платежи, налоги и сборы, предусмотренные законодательством Туркменистана.

Статья 51. Платежи за право пользования недрами

1. Платежи за право пользования недрами уплачиваются недропользователями за право поиска, разведки, добычи основных и попутных полезных ископаемых или их сочетания.

第 50 条　矿产资源使用的支付和减免制度

1. 矿产资源使用付费和减免制度在土库曼斯坦全境有效，包括里海的土库曼斯坦境内水域和跨界矿床，适用于所有的矿产资源使用者。

2. 矿产资源使用时所采用的付费和减免制度，包括矿产资源使用权费和土库曼斯坦法律规定的其他付款、税收和费用。

第 51 条　矿产资源使用权费

1. 矿产资源使用权费由矿产资源使用者支付，以获得主要矿产和伴生矿产或其组合矿产的普查、勘探、开采权限。

Указанные платежи взимаются в форме разовых взносов, регулярных платежей в течение срока действия предоставленного права пользования недрами или их сочетаний.

2. Размеры платежей за право проведения поисковых и разведочных работ определяются в зависимости от региона и размера участков недр, вида полезных ископаемых, продолжительности работ, степени геологической изученности территории и оценки риска.

3. Размеры платежей за право добычи полезных ископаемых определяются с учётом вида полезного ископаемого, количества и качества его запасов, природно-географических, горнотехнических и экономических условий освоения и разработки месторождения полезных ископаемых, оценки коммерческих рисков.

Платежи за право добычи полезных ископаемых взимаются с недропользователей в форме начального, а также последующих регулярных платежей после начала добычи.

4. Платежи за право пользования недрами в иных целях, в том числе для строительства и эксплуатации подземных сооружений, хранения конечной продукции или захоронения отходов, взимаются в форме разовых или регулярных взносов.

上述费用采用一次性支付,或授予矿产资源使用权有效期内分期支付,或采用组合形式支付。

2. 根据地区和矿产资源区的规模、矿产种类、工作持续时间、地区地质研究程度和风险评价,确定普查和勘探工作权的费用金额。

3. 根据矿产的种类、储量规模和品质、矿床开发的自然地理、矿山技术和经济条件、商业风险的评估情况,确定矿产开采权的费用金额。

矿产开采权的付款是由矿产资源使用者在采矿开始前支付,以及在开采工作开始后定期支付。

4. 其他目的的矿产资源使用权费,包括地下设施的建设和运营、最终产品的储存或废物掩埋,以一次性或定期缴纳的形式收取。

Размеры указанных платежей определяются в зависимости от размера участка недр, предоставляемого в пользование, его полезных свойств и уровня экологической безопасности.

5. В целях стимулирования освоения месторождений полезных ископаемых пониженного качества или месторождений, находящихся в сложных горно-геологических условиях, недропользователи могут частично или полностью освобождаться от платежей за пользование недрами либо получать отсрочки по уплате этих платежей. Указанное, в частности, распространяется на недропользователей при:

1) добыче трудноизвлекаемых, некондиционных, ранее списанных запасов полезных ископаемых;

2) добыче дефицитных полезных ископаемых при низкой экономической эффективности разработки месторождения;

3) использовании вскрышных и вмещающих пород, отходов горнодобывающего производства и связанных с ним перерабатывающих производств;

4) внедрении экологически безопасных технологий, повышающих извлечение основных и попутных полезных компонентов.

根据提供使用的矿产资源区的规模、其有用性和环境安全水平,确定所指付款的金额。

5. 为了鼓励开发低品质的矿床或矿山地质条件复杂的矿床,矿产资源使用者可部分或全部免除矿产资源使用费或延期支付这些费用。在以下情况下,上述内容尤其适用于矿产资源使用者:

1)对难开采的、不合标准的、之前注销的矿产储量进行开采时;

2)在矿床开采经济效益低的情况下开采稀缺矿产时;

3)在利用覆盖层的岩石和围岩,以及利用采矿生产废料和与之相关的加工生产的废料时;

4)当引入提高开采主要矿产和伴生组分的环境安全工艺时。

6. Порядок предоставления иных отсрочек и платежей за пользование недрами, а также условия их применения определяются Кабинетом Министров Туркменистана.

7. Платежи за право пользования недрами направляются в Государственный бюджет Туркменистана.

Статья 52. Формы внесения платы за право пользования недрами

1. Плата за право пользования недрами может взиматься в форме:

1）денежных платежей;

2）выполнения работ или предоставления услуг;

3）зачёта сумм предстоящих платежей в качестве долевого вклада государства в уставный фонд горного предприятия.

2. Денежная форма платы за право пользования недрами может заменяться поставками части добытого сырья или произведённой продукции согласно условиям заключённого договора.

3. Замена денежной формы иными формами платы за пользование недрами осуществляется по согласованию с Министерством финансов и экономики Туркменистана.

6. 矿产资源使用费的支付程序和提供其他的延期程序，以及其使用条件，都由土库曼斯坦内阁确定。

7. 矿产资源的使用权费应纳入土库曼斯坦的国家预算。

第 52 条 矿产资源使用权费的支付方式

1. 矿产资源的使用权费可以按以下方式收取：

1）现金；

2）完成工程或提供服务；

3）抵付即将支付的款项作为国家对矿业企业法定资本的股权出资。

2. 根据签订的协议条款，可以通过提供部分采出原料或生产成品来代替矿产资源使用权费的货币形式。

3. 与土库曼斯坦财政和经济部达成协议，以矿产资源使用费的其他形式替代货币形式。

4. Не допускается требование или принятие в счёт платы за право пользования недрами информации, составляющей коммерческую тайну, а также материалов и продуктов, распоряжение которыми в соответствии с законодательством Туркменистана входит в компетенцию Кабинета Министров Туркменистана.

Статья 53. Отчисления на воспроизводство минерально-сырьевой базы

1. Отчисления на воспроизводство минерально-сырьевой базы взимаются с пользователей недр, осуществляющих добычу всех видов основных и попутных полезных ископаемых.

2. Пользователи недр, осуществляющие добычу полезных ископаемых, запасы которых разведаны за счёт негосударственных финансовых источников, имеют право на льготы при определении размера отчислений на воспроизводство минерально-сырьевой базы в соответствии с настоящим Законом и иными нормативными правовыми актами Туркменистана.

3. Отчисления на воспроизводство минерально-сырьевой базы используются в качестве целевого государственного источника финансирования геолого-геофизических работ, геологической съёмки, поиска и разведки месторождений полезных ископаемых.

4. 不得要求或接受构成商业秘密的资料，以及根据土库曼斯坦法律规定其支配属于土库曼斯坦内阁权限内的材料和产品，以算作矿产资源使用权费。

第 53 条 矿物原料基地的再生产提成

1. 矿物原料基地的再生产提成应向从事各种主要矿产和伴生矿产开采的矿产资源使用者收取。

2. 根据本法和土库曼斯坦其他标准法规的规定，利用非国家财政出资勘探矿产资源储量的矿产资源使用者，有权在确定矿物原料基地再生产扣款时享有优惠权。

3. 矿物原料基地再生产的扣款被用作地质和地球物理工作、地质调查、矿床普查和勘探的国有专项资金来源。

4. Порядок взимания и использования отчислений на воспроизводство минерально-сырьевой базы устанавливается Кабинетом Министров Туркменистана.

Статья 54. Освобождение от платежей при пользовании недрами

1. От платежей при пользовании недрами освобождаются недропользователи или виды пользования, целью которых не является получение прибыли, предпринимательского дохода в прямой или скрытой форме или способствующие удовлетворению социальных, культурных и природоохранных нужд и интересов населения, проживающего на соответствующей территории.

2. От платежей при пользовании недрами полностью освобождаются:

1) граждане, осуществляющие в установленном порядке добычу общераспространённых полезных ископаемых и подземных вод на принадлежащем им земельном участке непосредственно для нужд своего хозяйства;

4. 矿物原料基地再生产扣款的收取和使用制度，由土库曼斯坦内阁规定。

第54条 矿产资源使用费的免缴

1. 如果目的不是以直接或隐性的形式获取利润、增加企业收入，或只是有助于满足相应地区的社会、文化、环保需求和满足当地居民的利益，矿产资源使用者或使用实体，可免于缴付矿产资源使用费。

2. 矿产资源使用时的费用全部免除：

1）直接为了经营需要，按照规定方式在自有地块内开采普通矿产和地下水的公民；

2) пользователи недр, ведущие за счёт государственных средств региональные среднемасштабные и крупномасштабные геолого-геофизические работы, геологическую съёмку, другие геологические и гидрогеологические работы, направленные на общее изучение недр Туркменистана, геологические работы по прогнозированию землетрясений, инженерно-геологические изыскания, палеонтологические, геоэкологические исследования, контроль за режимом подземных вод, топографо-геодезические, а также иные работы, проводимые без существенного нарушения целостности недр;

3) пользователи недр, получившие участки недр для образования особо охраняемых природных геологических объектов, охранных целиков, имеющих научное, культурное, эстетическое и иное значение (геологические заповедники, памятники природы);

4) иные пользователи недр в соответствии с законодательством Туркменистана.

2）依靠国家资金从事以下工作的矿产资源使用者：中大型区域性地质和地球物理工作、地质调查，旨在对土库曼斯坦矿产资源进行总体研究的其他地质和水文地质工作，预测地震的地质工作，工程和地质勘查，古生物学、地质生态学研究，监测地下水的动态，地形测量工作，以及非实质破坏矿产资源完整性的其他工作；

3）为了形成具有科学、文化、审美和其他意义的特别保护的天然地质体、安保矿体而获得矿产资源区（地质保护区、自然古迹）的矿产资源使用者；

4）根据土库曼斯坦法律规定的其他矿产资源使用者。

Глава IX. Ответственность за нарушение законодательства туркменистана о недрах. Разрешение споров в области использования и охраны недр

第 9 章　违反土库曼斯坦矿产资源法须承担的责任、矿产资源使用和保护领域的争议解决办法

Статья 55. Ответственность за нарушение законодательства Туркменистана о недрах

第 55 条　违反土库曼斯坦矿产资源法须承担的责任

1. Сделки в прямой или скрытой форме, нарушающие права владения, пользования и распоряжения недрами, предусмотренные настоящим Законом, являются недействительными.

2. Нарушение законодательства Туркменистана о недрах влечёт за собой ответственность в соответствии с законодательством Туркменистана.

1. 侵犯本法规定的矿产资源所有权、使用权和支配权的直接或者隐性交易，均视为无效。

2. 根据土库曼斯坦法律规定，违反土库曼斯坦矿产资源法须承担责任。

Статья 56. Возмещение ущерба, причинённого вследствие нарушения законодательства Туркменистана о недрах

Физические и юридические лица обязаны возместить убытки, причинённые вследствие нарушения законодательства Туркменистана о недрах, в размерах и порядке, устанавливаемых законодательством Туркменистана. Должностные лица и другие работники, по вине которых предприятия, организации и учреждения понесли расходы, связанные с возмещением убытков, несут ответственность в порядке, установленном законодательством Туркменистана.

Статья 57. Разрешение споров в области использования и охраны недр

Споры, возникающие в области использования и охраны недр, разрешаются в порядке, установленном законодательством Туркменистана.

第56条 因违反土库曼斯坦矿产资源法而赔偿损失

自然人和法人有义务按照土库曼斯坦法律规定的金额和方式赔偿因违反土库曼斯坦矿产资源法而造成的损失。企业、组织和机关因负责人和其他工作人员的过错而发生与损失赔偿有关的支出时，该负责人和工作人员要按照土库曼斯坦法律规定的方式承担责任。

第57条 矿产资源使用和保护领域的争议解决办法

矿产资源使用和保护领域发生的争议，按土库曼斯坦法律规定的方式解决。

Глава X. Международное сотрудничество в области использования и охраны недр

第 10 章 矿产资源使用和保护领域的国际合作

Статья 58. Международное сотрудничество в области использования и охраны недр

第 58 条 矿产资源使用和保护领域的国际合作

Туркменистан осуществляет международное сотрудничество в области использования и охраны недр в соответствии с общепризнанными принципами и нормами международного права и международными договорами Туркменистана в области использования и охраны недр.

土库曼斯坦根据公认的国际法原则和规范，以及土库曼斯坦在矿产资源利用和保护领域的国际条约，在矿产资源利用和保护领域开展国际合作。

Статья 59. Трансграничные и приграничные геологические структуры, проявления и месторождения полезных ископаемых

Вопросы изучения трансграничных и приграничных геологических структур, поиска, разведки и разработки трансграничных и приграничных месторождений регулируются международными договорами, участником которых является Туркменистан.

第59条 跨界和边界地质构造、矿产显示和矿床

跨界和边界地质构造研究，跨界和边界矿床的普查、勘探和开发问题，由土库曼斯坦加入的国际条约进行调节。

Глава XI. Заключительные положения

Статья 60. Вступление в силу настоящего Закона

1. Настоящий Закон вступает в силу со дня его официального опубликования.

2. Признать утратившими силу:

1) Закон Туркменистана от 14 декабря 1992 года «О недрах» (Ведомости Меджлиса Туркменистана, 1992 г., № 12, ст. 115);

2) часть II Закона Туркменистана от 30 марта 2007 года «О внесении изменений в некоторые законодательные акты Туркменистана» (Ведомости Меджлиса Туркменистана, 2007 г., № 1, ст. 40).

Президент Гурбангулы Туркменистана Бердымухамедов

гор. Ашхабад
20 декабря 2014 года
№ 160-V.

第 11 章 最终条款

第 60 条 本法生效

1. 本法自正式公布之日起施行。

2. 以下法律失去效力：

1）土库曼斯坦 1992 年 12 月 14 日《矿产资源法》（土库曼斯坦议会公报，1992 年，第 12 期，第 115 条）；

2）土库曼斯坦 2007 年 3 月 30 日法律第 II 部分《关于土库曼斯坦某些立法法案修正案》（土库曼斯坦议会公报，2007 年，第 1 期，第 40 条）。

土库曼斯坦总统
古尔班古力·别尔德穆哈梅多夫

阿什哈巴德市
2014 年 12 月 20 日
第 160-V 号

Ⅲ Об углеводородных ресурсах

第三部分

油气资源法

（Ведомости Меджлиса Туркменистана, 2008 г., No 3, ст.40）

（С изменениями и дополнениями внесенными Законами Туркменистана от 12.03.2010 г. No 96-Ⅳ, 04.08.2011 г. No 217-Ⅳ, 01.10.2011 г. No 238-Ⅳ, 04.05.2012 г. No 302-Ⅳ 22.12.2012 г. No 368-Ⅳ, 12.09.2016 г. No 436-Ⅴ, 04.11.2017 г. No 636-Ⅴ, 09.06.2018 г. No 41-Ⅵ и 14.03.2020 г. No 238-Ⅵ）

Настоящий Закон устанавливает правовые основы отношений, возникающих в процессе разведки, добычии переработкиуглеводородных ресурсов и выполнения других видов нефтяных работ на территории Туркменистана, включая туркменский сектор Каспийского моря, и направлен на обеспечение рационального использования углеводородных ресурсов и сохранение природных богатств Туркменистана для будущих поколений.

Глава Ⅰ. Общие положения

Статья 1. Основные понятия

В настоящем Законе используются следующие основные понятия:

Пункт 1 утратил силу Законом Туркменистана от 12.09.2016 г. No 436-Ⅴ.

（土库曼斯坦议会公报，2008年，第3期，第40条）

（根据土库曼斯坦法律2010年3月12日第96-Ⅳ号、2011年8月4日第217-Ⅳ号、2011年10月1日第238-Ⅳ号、2012年5月4日第302-Ⅳ号、2012年12月22日第368-Ⅳ号、2016年9月12日第436-Ⅴ号、2017年11月4日第636-Ⅴ号、2018年6月9日第41-Ⅵ号和2020年3月14日第238-Ⅵ号法令进行补充和修订）

本法确定了土库曼斯坦境内及里海土库曼斯坦境内水域从事油气资源勘探、开发和加工，以及其他石油作业过程中所产生的关系的法律基础，旨在确保合理利用油气资源，为土库曼斯坦的子孙后代保护自然资源。

第1章 总 则

第1条 基本概念

本法中使用的基本概念：

根据土库曼斯坦法律，2016年9月12日第436-Ⅴ号法令，第1项失效。

2) Блок - участок территории на суше или на воде, находящийся полностью или частично под юрисдикцией Туркменистана и соответствующим образом обозначенный на специально составленной карте блоков.

3) Внутренние водоёмы - озёра, искусственные водохранилища и другие водные поверхности, окруженные сушей, находящиеся под юрисдикцией Туркменистана.

4) Добыча - все виды работ по извлечению из недр Углеводородных ресурсов первичными методами или с искусственным поддержанием энергии пласта, хранению, подготовке, погрузке, складированию, транспортировке, замерам, доставке, маркетингу и реализации Углеводородных ресурсов (в том числе доли Концерна) и другие виды деятельности, в том числе осуществление строительства объектов инфраструктуры и иного строительства, приобретение и аренда материальных и нематериальных активов, в соответствии с Договором и соответствующей Лицензией или по поручению Концерна.

5) Договор - соглашение, заключаемое между Концерном и Подрядчиком, на проведение Нефтяных работ.

6) Договорная территория - оконтуренная и определенная географическими координатами территория, в пределах которой Подрядчику разрешается проводить Нефтяные работы и описание которой дается в приложениях к Договору.

2）区块——位于土库曼斯坦陆地或水域全部或部分管辖的陆地或海上，并以相应的方式标记在特别编制的区块地图上的地块。

3）内陆水域——受土库曼斯坦管辖的湖泊、人工水库和其他被陆地所包围的水体。

4）生产——采用天然能量或人工保持地层能量的方法开发地下油气资源，储存、加工、装载、仓储、运输、计量、供应和营销（销售）油气资源（包括康采恩份额）等所有的作业活动，以及根据石油合同、相应的许可证或受康采恩委托开展地面工程设施和其他设施的建设、购买和租赁有形和无形资产等其他活动。

5）石油合同——康采恩与承包商之间签订的石油作业协议。

6）合同区——以地理坐标划定边界，准予承包商从事石油作业的区域，在合同附件中加以描述。

7）Концерн - юридическое лицо, которое в соответствии с настоящим Законом и актами Президента Туркменистана наделено полномочиями по управлению и использованию углеводородных ресурсов (государственные концерны «Туркменнефть» и «Туркменгаз»).

8）Лицензия - юридический инструмент, выраженный в форме правового акта, выдаваемый Концерном Подрядчику и Оператору и предоставляющий право на проведение Нефтяных работ либо отдельных их видов в соответствии с положениями настоящего Закона.

9）Лицо - физическое или юридическое лицо.

10）Месторождение промышленного значения - месторождение Углеводородных ресурсов, которое после его открытия и изучения всех соответствующих данных, оперативных, технических и экономических показателей может быть освоено в промышленных масштабах в соответствии с условиями Договора.

11）Нефтяные работы - все работы по Разведке, Добыче и Переработке, осуществляемые в соответствии с Договором и соответствующей Лицензией.

12）Нормальные атмосферное давление и температура - давление 1,01325 атмосфер и температура 60 градусов по Фаренгейту.

7）康采恩——依照本法和土库曼斯坦总统令享有管理和使用油气资源的法人（土库曼斯坦石油康采恩和土库曼斯坦天然气康采恩）。

8）许可证——以法令形式表达的法律文件，由康采恩根据本法规定颁发给承包商和作业者赋予其从事全部或部分石油作业的权利。

9）人——自然人或法人。

10）商业性油气田——在油气田发现后，经过对其相关数据、可行性、技术和经济指标研究后，可根据石油合同条款进行工业规模开发的油气田。

11）石油作业——根据石油合同和相应许可证进行的所有勘探、开发及加工处理等所有的作业活动。

12）标准大气压力和温度——压力为1.01325atm，温度为60°F。

13）Обладатель лицензии – Лицо, получившее Лицензию в соответствии с настоящим Законом и иными нормативными правовыми актами Туркменистана.

14）Обнаружение – любое новое обнаружение Углеводородных ресурсов, которое было осуществлено на Договорной территории, и в случае необходимости может быть объектом оценки для определения Подрядчиком того, является ли данное обнаружение Месторождением промышленного значения.

15）Оператор – Лицо, деятельность которого состоит в непосредственном ежедневном и текущем оперативном осуществлении Нефтяных работ от имени и по поручению Подрядчика в соответствии с Лицензией Оператора.

16）Подрядчик – Лицо（Лица）, являющееся Обладателем Лицензии и заключившее с Концерном Договор в соответствии с настоящим Законом.

17）Правила разработки – Правила разработки углеводородных месторождений Туркменистана от 22 октября 1999 года.

18）Природный газ – углеводороды, находящиеся в газообразном состоянии при Нормальных атмосферном давлении и температуре, попутные и непопутные к Сырой нефти газы.

13）许可证持有人——根据本法或土库曼斯坦其他规范性法律文件获得许可证的人。

14）发现——在合同区内对油气资源的任何新发现，必要时由承包商对发现目标进行评估，以确定其是否具有商业价值。

15）作业者——依照作业者许可证代表承包商或受承包商委托直接从事日常石油作业的人。

16）承包商——依照本法持有许可证并与康采恩签订石油合同的人。

17）开发条例——1999年10月22日的土库曼斯坦油气开发条例。

18）天然气——在标准大气压和温度条件下以气态单独存在或与原油伴生的碳氢化合物。

19) Промысловый трубопровод – техническое сооружение, включающее в себя также наземные, подводные и иные объекты, коммуникации и оборудование, используемые для транспортировки Углеводородных ресурсов от места Добычи до Пункта доставки.

20) Пункт доставки – пункт или пункты в пределах Договорной территории или за его пределами, куда доставляются добытые Углеводородные ресурсы, в которых производятся их замеры, и где Стороны договора в соответствии с Договором получают свою долю Углеводородных ресурсов.

21) Разведка – геологические, геофизические и другие работы, включающие в себя также бурение шпуров, отбор кернов, стратиграфические испытания, бурение скважин, аэрокосмические съемки, приобретение и аренду материальных и нематериальных активов, проводимые в целях открытия месторождений Углеводородных ресурсов и осуществляемые в соответствии с Договором и соответствующей Лицензией.

22) Родительская компания – юридическое лицо, которое владеет более чем 50 процентами или контрольным пакетом паев, долей, акций Подрядчика, дающих ему право управления и контроля над Подрядчиком.

19）集输管道——用于将油气资源从采油点运到交油点的技术设施，包括地面、水下和其他设施，以及管线、设备。

20）交油点——位于合同区内或合同区外的一个或多个点，油气资源运往该处并在此计量，石油合同各方根据石油合同在此获得各自油气份额。

21）勘探——为发现油气田及根据合同和相应的许可证所进行的地质、地球物理和其他作业，包括钻炮眼、取心、地层测试、钻井、航测、购买和租赁有形及无形资产。

22）母公司——持有承包商50%以上股票、股份、份额或控股权，对承包商拥有管理和控制权的法人。

23）Родственная компания - юридическое лицо, осуществляющее контроль над Подрядчиком или контролирующееся этим Подрядчиком, либо контролирующееся другим юридическим лицом, одновременно осуществляющим контроль над Подрядчиком. Для целей настоящего понятия под контролем понимаются полномочия по определению стратегии юридического лица либо Подрядчика путем прямого или опосредованного права собственности на более чем 50 процентов паев, долей, акций, дающих право управления и контроля.

24）Сервисные услуги - отдельные виды Нефтяных работ, осуществляемые в соответствии с Договором на Сервисные услуги с риском.

25）Совместная деятельность - деятельность, осуществляемая объединением Лиц без образования нового юридического лица, совместно участвующих в предоставлении технических, финансовых и иных ресурсов для реализации Договора, заключенного между Концерном и таким объединением Лиц.

26）Стороны договора - Концерн и Подрядчик, заключившие Договор.

27）Сырая нефть - любые углеводороды, включая извлекаемые из Природного газа дистилляты и конденсаты, находящиеся в жидком состоянии при Нормальных атмосферном давлении и температуре на устье скважины или в нефтегазовом сепараторе.

23）关联公司——对承包商拥有控制权的法人实体，或受承包商控制的法人实体，或者与承包商一起受另一法人控制的法人实体。"控制"是指通过直接或间接持有 50% 以上代表管理和控制权的股票、股份、份额而取得确定法人或承包商战略的权限。

24）风险服务——根据风险服务合同从事的某类石油作业。

25）联合作业——不设立新法人实体的个人联合体开展的活动，该联合体共同参与提供技术、资金和其他资源以完成康采恩和个人联合体之间签订的合同。

26）合同双方——签订石油合同的康采恩与承包商。

27）原油——在标准大气压和温度条件下，在井口或油气分离器中以液态形式存在的碳氢化合物，包括从天然气中提取的馏出物和凝析油。

28）Субподрядчик – Лицо, осуществляющее поставку товаров, выполнение работ и оказание услуг Подрядчику, изложенных в договоре с Подрядчиком по выполнению отдельных видов Нефтяных работ (в том числе и совместной деятельности) в рамках Договора такого Подрядчика. Лицо, выполняющее отдельные виды Нефтяных работ для Субподрядчика в рамках выполнения им другого договора, также определяется как Субподрядчик.

29）Трубопроводный транспорт – совокупность технических сооружений, включающих Промысловый трубопровод и Экспортный магистральный трубопровод.

30）Углеводородные ресурсы – Сырая нефть и Природный газ, а также производимые из них, получаемые в результате их очистки или добытые вместе с ними продукция и компоненты, в том числе получаемые в результате их переработки нефтяная, нефтехимическая и газохимическая продукция, сжиженный газ и другая продукция.

31）Экспортный магистральный трубопровод – техническое сооружение, включающее в себя наземные, подводные и иные объекты коммуникации и оборудования, используемые для транспортировки Углеводородных ресурсов от Пункта доставки до Экспортного пункта.

28）分包商——在承包商合同框架内根据与该承包商所签订的某类石油作业（包括联合作业）合同，为承包商供货、从事作业或提供服务的人，或在分包商履行其他合同的框架内，为分包商从事某类石油作业的人。

29）管道——包括集输管道和长输管道在内的各种工程设施的总称。

30）油气资源——原油和天然气，以及各种衍生物，或同时采出的石油产品和组分，包括原油加工过程中获得的石油、石油化工和天然气化工产品、液化气及其他产品。

31）长输管道——用于将油气资源自交油点输送至出口点的工程设施，包括地面设施、水下设施，以及其他管线设施和设备。

32) Экспортный пункт – пункт или пункты в пределах территории Туркменистана, куда в соответствии с Договором поступают предназначенные на экспорт доли Углеводородных ресурсов Сторон договора.

33) Переработка – все виды работ по переработке Углеводородных ресурсов на всех стадиях для получения нефтяной, нефтехимической и газохимической продукции, сжиженного газа и другой продукции, строительству объектов для их переработки на всех стадиях (производству продукции) за счёт средств, полностью принадлежащих иностранным инвесторам, а также все виды деятельности по составлению проектов, строительству, эксплуатации и управлению другими объектами инфраструктуры по хранению, подготовке, погрузке, складированию, транспортировке, замерам, доставке, маркетингу и реализации продукции, полученной в результате их переработки (в том числе доли Концерна), и другие виды деятельности, в том числе приобретение и аренда материальных и нематериальных активов, в соответствии с Договором и соответствующей Лицензией.

32）出口点——位于土库曼斯坦境内的一个或多个地点，石油合同双方的油气份额根据石油合同运往此处出口。

33）油气处理——利用外国投资商的全资资金完成油气加工处理各阶段和各种形式的工作，以获得石油、石油化工和天然气化工产品、液化气和其他产品。覆盖在油气处理各阶段装置的建设（产品），以及与保存、装载、仓储、运输、计量、交付、产品营销（包括康采恩股份）有关的其他基础设施项目的设计、施工、运营和管理活动，包括根据合同和相关许可证购买和租赁有形和无形资产。

Статья 2. Сфера применения настоящего Закона

1. Настоящий Закон регулирует отношения, возникающие в процессе выполнения Нефтяных работ на территории, находящейся под юрисдикцией Туркменистана, в том числе в туркменском секторе Каспийского моря и во Внутренних водоемах, порядок выдачи Лицензий, заключения и исполнения Договоров о проведении таких работ, регламентирует функции и полномочия государственных органов, а также Лиц, осуществляющих Нефтяные работы.

2. В случае если законодательством Туркменистана установлены иные правила, чем те, которые предусмотрены настоящим Законом, применяются правила настоящего Закона.

3. В случае если настоящий Закон не регулирует те или иные отношения, возникающие в процессе выполнения Нефтяных работ, отвечающие признакам, указанным в части первой настоящей статьи, то такие отношения регулируются иными нормативными правовыми актами Туркменистана.

第 2 条 本法适用范围

1. 本法旨在调节在土库曼斯坦管辖区域(包括里海土库曼斯坦境内水域和土库曼斯坦内陆水域)从事石油作业过程中产生的各种关系,许可证的发放、石油作业合同的签订和执行程序,并规定国家机关及从事石油作业的自然人/法人的职能和职权。

2. 土库曼斯坦其他法律与本法规定不一致的,适用本法规定。

3. 在石油作业过程中所产生的符合本条第 1 款所述特征的某种关系,未纳入本法调整范围的,则由土库曼斯坦其他规范性法律文件调整。

4. Если международным договором, участником которого является Туркменистан, установлены иные правила, чем те, которые содержатся в настоящем Законе, то применяются правила международного договора.

Статья 3. Применимое право

Применимым правом по настоящему Закону является исключительное право Туркменистана, в соответствии с которым регулируется и толкуется Договор, заключенный в соответствии с настоящим Законом.

Статья 4. Право собственности на Углеводородные ресурсы

1. Углеводородные ресурсы в их естественном состоянии в недрах территории Туркменистана являются исключительной собственностью Туркменистана.

2. Правомочиями по владению, пользованию и распоряжению Углеводородными ресурсами обладает Кабинет Министров (Правительство) Туркменистана.

3. Управление Углеводородными ресурсами и их использование в пределах полномочий, установленных настоящим Законом, осуществляет Концерн.

4. 土库曼斯坦缔结的国际条约与本法规定不一致的,适用国际条约之规定。

第 3 条 适用法律

本法规定的适用法律是土库曼斯坦的专有权利,根据本法签订的协议受其管辖和解释。

第 4 条 油气资源的所有权

1. 在土库曼斯坦境内以自然状态存在的地下油气资源是土库曼斯坦的专有财产。

2. 土库曼斯坦内阁(政府)享有油气资源的拥有权、使用权和处置权。

3. 康采恩在本法规定的职权范围内管理和利用油气资源。

Глава II. Компетенция кабинета министров (правительства) туркменистана, концерна в области управления и использования углеводородных ресурсов

第 2 章 土库曼斯坦内阁(政府)、康采恩在油气资源管理和利用方面的职权

Статья 5. Компетенция Кабинета Министров (Правительства) Туркменистана

第 5 条 土库曼斯坦内阁（政府）的职权

Кабинет Министров (Правительство) Туркменистана:

1) определяет стратегию использования Углеводородных ресурсов;

2) устанавливает порядок использования Углеводородных ресурсов, а также правила их охраны;

土库曼斯坦内阁(政府)：

1) 确定油气资源利用战略；

2) 制定油气资源利用程序及油气资源保护条例；

3) вводит ограничения на проведение Нефтяных работ на отдельных участках в целях сохранения святых мест, исторических и культурных памятников и других объектов, имеющих важное значение для сохранения и развития традиционной духовности и культуры туркменского народа;

4) осуществляет иные полномочия, предоставленные ему законами Туркменистана и актами Президента Туркменистана.

Статья 6. Основы правового статуса Концерна

Правовой статус Концерна определяется законодательством Туркменистана.

Статья 7. Основные функции и полномочия Концерна

1. Концерн в области управления и использования Углеводородных ресурсов осуществляет следующие основные функции:

1) устанавливает единые правила освоения месторождений Углеводородных ресурсов, соответствующие стандартам международной практики ведения Нефтяных работ, а также иные правила и процедуры при проведении Нефтяных работ;

3）限制在某些地区从事石油作业以保护圣地、历史和文化古迹，以及其他对保持和发扬土库曼斯坦人民传统精神和文化具有重要意义的设施；

4）行使土库曼斯坦法律和总统法令授予的其他职能。

第6条 康采恩法律地位基础

康采恩的法律地位由土库曼斯坦法律确定。

第7条 康采恩的主要职能和职权

1.康采恩在管理和利用油气资源方面行使以下主要职能：

1）制定符合国际石油作业惯例的油气田统一开发条例，以及石油作业其他条例和程序；

2) ведёт работу по подготовке и проведению тендера, проводимого по правилам, устанавливаемым настоящим Законом и другими нормативными правовыми актами Туркменистана; ведёт переговоры по выдаче Лицензии по результатам проведенного тендера и по заключению Договора с претендентом;

3) ведёт прямые (неэксклюзивные) переговоры с претендентом на получение Лицензии и заключение Договора;

4) выдаёт Лицензии и осуществляет их регистрацию;

5) подписывает Договоры и обеспечивает их регистрацию в соответствующих органах исполнительной власти в соответствии с законодательством Туркменистана;

6) осуществляет контроль за проведением Нефтяных работ, соблюдением законодательства Туркменистана при их проведении, а также выполнением условий Лицензии и Договора;

7) осуществляет контроль за принятием Подрядчиком мер по охране окружающей среды, жизни и здоровья населения, обеспечению здоровых и безопасных условий труда в ходе проведения Нефтяных работ;

8) осуществляет координацию деятельности между Подрядчиками при проведении Нефтяных работ;

2）按照本法和土库曼斯坦其他规范性法律文件所确定的规则进行招标前准备和招标工作，与申请人就基于招标结果颁发许可证及石油合同签订问题进行谈判；

3）与许可证申请人进行直接（非排他性）谈判及签署石油合同；

4）颁发许可证及办理许可证登记；

5）签署石油合同并按照土库曼斯坦法律在相应国家管理机关办理石油合同登记；

6）对石油作业的运行、在石油作业过程中对土库曼斯坦法律的遵守情况，以及许可证和石油合同的履行情况实施监督；

7）对承包商在石油作业过程中采用的环境保护、居民生命和健康保护措施、健康和安全作业条件保障措施实施监督；

8）协调各承包商之间的石油作业活动；

9) организует ведение статистической отчетности по Углеводородным ресурсам;

10) приостанавливает, возобновляет, продлевает и аннулирует действие Лицензии в соответствии с настоящим Законом;

11) ведёт переговоры и заключает соглашения с соответствующими Лицами других государств по вопросам строительства и эксплуатации трубопроводов и других транспортных сооружений для транспортировки добытых Углеводородных ресурсов по их территории, а также по вопросам использования подобных транспортных сооружений, имеющихся и используемых в этих странах;

12) осуществляет доверительное управление активами и финансовыми ресурсами на внутреннем и внешнем рынках;

13) определяет порядок получения и использования Углеводородных ресурсов, причитающихся Концерну в соответствии с Договором на проведение Нефтяных работ;

14) распоряжается поступившими в Концерн доходами, которые причитаются ему в соответствии с Договором на проведение Нефтяных работ;

15) осуществляет управление, владение, пользование и распоряжение своим имуществом（активами）в любых формах на внутреннем и внешнем рынках;

9）组织完成油气资源的统计报表；

10）根据本法暂停、恢复、延长和吊销许可证；

11）与其他国家有关方就在其境内建造和使用油气运输管道和其他运输设施，以便在其领土运输所开采的油气资源，以及就利用这些国家现有或正在使用的此类运输设施问题进行谈判和签订协议；

12）对资产和金融资产在国内外市场实施信托管理；

13）确定康采恩根据石油作业合同获取和利用油气份额的程序；

14）管理康采恩根据石油作业合同所取得的收入；

15）管理、持有、利用、处置其在国内外市场持有的任何形式的财产（资产）；

16) осуществляет учёт и контроль за использованием или отчуждением переходящего к Концерну имущества Подрядчика в случаях, установленных частью первой статьи 54 настоящего Закона;

17) выступает в казыете, арачи казыете и в международных суде и арбитраже в качестве истца или ответчика по спорам, вытекающим из Договора, и несёт обязательства принадлежащим ему имуществом;

18) осуществляет иные функции, предоставленные Концерну законами Туркменистана и актами Президента Туркменистана.

2. Концерн вправе требовать от Подрядчика предоставления банковской гарантии или гарантии его Родительской компании.

3. Концерн в целях реализации возложенных на него функций имеет право:

1) проводить проверку или испытание оборудования и приборов, используемых при проведении Нефтяных работ;

2) извлекать образцы Углеводородных ресурсов или других веществ с любой территории, на которой проводятся Нефтяные работы;

3) проводить проверку технических, финансовых и иных документов, имеющих отношение к Нефтяным работам, делать из них выписки и снимать с них копии;

16) 根据本法第 54 条第 1 款, 对承包商转移至康采恩的资产的使用或转让情况进行统计和监督;

17) 作为石油合同争议的原告(申请人)或被告(被申请人), 参加法院、仲裁法院, 以及国际法院和国际仲裁院的诉讼(仲裁), 并以其财产承担责任;

18) 行使土库曼斯坦法律和总统法令所赋予的其他职权。

2. 康采恩有权要求承包商提供银行保函或要求其母公司担保。

3. 为行使职能, 康采恩有权:

1) 对从事石油作业时所用的设备和仪器进行检查或测试;

2) 从任何石油作业区域提取油气样品和其他样品;

3) 检查与石油作业相关的技术、财务和其他文件, 摘录及复印;

4) осуществлять Нефтяные работы или поручать их осуществление Подрядчику.

Все виды деятельности по хранению, подготовке, погрузке, складированию, транспортировке, замерам, доставке, маркетингу и реализации доли Углеводородных ресурсов Концерна, осуществляемые Концерном или по его поручению Подрядчиком, а также другие виды деятельности, в том числе осуществление строительства объектов инфраструктуры и иного строительства, приобретение и аренда материальных и нематериальных активов в соответствии с Договором или по поручению Концерна Подрядчиком, являются Нефтяными работами;

5) рекомендовать Лицо для участия в Договоре в качестве Подрядчика;

6) давать указания и вводить ограничения на деятельность Подрядчика, связанные с обеспечением охраны окружающей среды, безопасности и охраны здоровья персонала Подрядчика и населения;

7) проводить технические, экологические и финансовые аудиты, аналитические и иные исследования, а также осуществлять сбор информации по вопросам соблюдения Подрядчиком законов и других нормативных правовых актов Туркменистана, условий Лицензии и Договора;

4) 从事石油作业或委托承包商从事石油作业；

康采恩或康采恩委托承包商开展的各类活动，包括保存、预处理、装载、入库、运输、计量、交付和营销（销售）康采恩油气份额的活动，以及其他活动，其中包括地面设施和其他设施的建设，根据石油合同或者承包商受康采恩的委托购买和租赁有形、无形资产等，均属于石油作业。

5) 推荐自然人或法人作为承包商参与石油合同；

6) 对于承包商从事的与环境保护、安全保护、承包商雇员和居民健康保护有关的活动，应给予指示或限制；

7) 进行技术、生态和财务审计，作分析性研究和其他研究，并收集承包商遵守土库曼斯坦法律和其他规范性法律文件、许可证和合同条款的信息；

8) осуществлять систематический контроль за соблюдением Подрядчиком и Оператором настоящего Закона, Лицензии и Договора;

9) использовать иные права, предоставленные Концерну в соответствии с настоящим Законом и иными нормативными правовыми актами Туркменистана.

4. Уполномоченные должностные лица Концерна вправе беспрепятственно входить на любую, в том числе Договорную, территорию, в любое строение, транспортное средство, которые используются в связи с проведением Нефтяных работ.

5. Концерн при исполнении возложенных на него функций и полномочий имеет право привлекать местных и иностранных специалистов и экспертов.

6. Концерн при исполнении возложенных на него функции и полномочий обязано соблюдать положения настоящего Закона, иных нормативных правовых актов Туркменистана, а также обязательства, предусмотренные условиями Договора.

Статья 8 утратила силу Законом Туркменистана от 12.09.2016 г. № 436-V.

8）对承包商和作业者遵守本法、许可证和石油合同的情况实施系统性监督；

9）利用本法和土库曼斯坦其他规范性法律文件赋予康采恩的其他权利。

4.康采恩方授权代表有权自由进入与石油作业相关的任何区域(包括合同区)、建筑物、交通工具。

5.康采恩在行使其职能与职权时有权邀请当地和外国专家参加。

6.康采恩在行使其职能与职权时应当遵守本法、土库曼斯坦其他规范性法律文件的规定,以及石油合同所规定的义务。

根据土库曼斯坦法律,2016年9月12日第436-V号法令,第8条失效。

Глава III. Лицензирование нефтяных работ

Статья 9. Виды Лицензий

1. Настоящим Законом для выполнения Нефтяных работ устанавливаются следующие виды Лицензий:

　1) Лицензия на Разведку;

　2) Лицензия на Добычу;

　3) Лицензия на Разведку и Добычу;

　4) Лицензия на Переработку.

2. Субподрядчику для исполнения Нефтяных работ или её отдельных видов по его Договору с Подрядчиком или другим Субподрядчиком в рамках Договора не требуется получение Лицензии или других разрешений, лицензий и заключений от соответствующих органов или согласовывание с ними.

Статья 10. Методы предоставления Лицензий

1. Лицензия может предоставляться на основе тендера или прямых (неэксклюзивных) переговоров, проводимых Концерном с претендентом на получение Лицензии.

第3章 石油作业许可制度

第9条 许可证类型

1. 本法所规定的石油作业许可证类型如下：

　1) 勘探许可证；

　2) 开发许可证；

　3) 勘探开发统一许可证；

　4) 加工处理许可证。

2. 分包商根据其与承包商或其他分包商在石油合同框架内所签订的合同从事某类石油作业的，无须获得相关机构的许可证、批准或同意。

第10条 许可证授予方式

1. 许可证可通过招标或者由康采恩与许可证申请人进行直接(非排他性)谈判而授予。

2. Выбор метода предоставления Лицензии определяется Концерном.

Статья 11. Формы и порядок проведения тендера

1. В зависимости от формы подбора участников тендер может быть:

открытым, где участниками выступают все заинтересованные Лица;

закрытым, где участниками выступают Лица, получившие от Концерна специальное приглашение для участия в тендере.

2. Порядок проведения тендера определяется Концерном.

Статья 12. Заявка на получение Лицензии

1. Заявка на получение Лицензии предоставляется претендентом до начала прямых (неэксклюзивных) переговоров, на основе её Концерном принимается решение о целесообразности проведения таких переговоров.

В случае проведения тендера заявка на предоставление Лицензии подается в соответствии с порядком проведения тендера.

2. 许可证授予方式由康采恩确定。

第 11 条 招标形式和程序

1. 根据选择投标人方式的不同,招标可以是:

公开招标,所有有意向者均可参加;

不公开招标,收到康采恩投标邀请的人方可参加。

2. 招标程序由康采恩确定。

第 12 条 许可证领取申请

1. 许可证申请人在直接(非排他性)谈判开始前递交许可证领取申请书,康采恩根据该申请决定是否进行谈判。

在招标情况下,根据招标程序提交许可证领取申请。

2. Заявка на получение Лицензии на Разведку должна содержать:

1) наименование (имя) претендента, его адрес, указание на принадлежность к государству (для юридических лиц), сведения о гражданстве (для физических лиц);

2) данные о Родительских компаниях, собственниках (владельцах) претендента и его руководителях (для юридического лица), а также о правомочных представителях претендента, которые будут представлять его при проведении тендера или прямых (неэксклюзивных) переговоров и при получении Лицензии и подписании Договора;

3) данные о технических, управленческих, организационных и финансовых возможностях претендента;

4) информацию о предыдущей деятельности претендента, включая список государств, в которых им проводились Нефтяные работы в течение последних пяти лет, а также финансовые отчеты за указанный период;

5) номера Блоков, на которые подается заявка;

6) источники финансирования Нефтяных работ;

7) период времени, на который подается заявка для проведения работ по Разведке;

2. 勘探许可证领取申请应包括：

1) 申请人的名称(姓名)、地址、来源国(法人)和国籍(自然人)；

2) 申请人的母公司、所有权人(控制人)和领导层资料(法人)，以及代表申请人参与投标或直接(非排他性)谈判、领取许可证及签署合同的全权代表的信息；

3) 有关申请人的技术、管理、组织和财务能力的资料；

4) 有关申请人以往经营活动的信息，包括最近5年内曾从事石油作业的国别清单及财务报告；

5) 申请区块的编号；

6) 石油作业融资来源；

7) 勘探作业申请期限；

8) предложения претендента относительно проведения Нефтяных работ, включая минимальные обязательства с указанием объемов работ и затрат на их осуществление;

9) предварительное технико-экономическое обоснование проекта, включающее в себя геологическую и экономическую модели, а также другую необходимую информацию;

10) обязательства претендента в отношении охраны окружающей среды, включая рекультивацию и восстановление Договорной территории;

11) предложение претендента относительно доли участия в Договоре Концерна либо рекомендованного Концерном Лица в качестве Подрядчика в период Разведки. Размер доли участия определяется в Договоре.

3. Заявка на получение Лицензии на Добычу должна содержать:

1) информацию о геологоразведочных работах;

2) официальное извещение об открытии Месторождения промышленного значения, включая соответствующие данные и заключения (в отношении обладателя Лицензии на Разведку, претендующего на получение Лицензии на Добычу);

3) подробный план освоения Месторождения промышленного значения с указанием геологических ресурсов, доказанных и извлекаемых запасов Углеводородных ресурсов;

8) 申请人对石油业务的竞争性报价，包括最低义务工作量和完成最低义务工作量的费用；

9) 项目预可研报告，包括地质模型、经济模型及其他必要信息；

10) 申请人在环境保护方面的义务，包括合同区的复耕和恢复；

11) 申请人关于康采恩或康采恩推荐人作为承包商在勘探阶段参与石油合同份额的报价，参与份额在石油合同中确定。

3. 开发许可证领取申请应包括：

1) 有关地质勘探作业信息；

2) 关于发现商业性油气田的正式通知，包括相应的资料和结论（针对有意获取开发许可证的勘探许可证持有人）；

3) 商业性油气田的详细开发方案，包括地质资源量、探明储量和可采储量信息；

4) ожидаемый срок начала реализации плана освоения Месторождения промышленного значения и ожидаемую дату начала Добычи Углеводородных ресурсов;

5) прогнозируемый профиль (кривую) Добычи и ожидаемый срок достижения ее максимального уровня;

6) прогнозный расчёт по капитальным и иным расходам, связанным с освоением, Добычей, и по доходам от реализации Углеводородных ресурсов;

7) анализ технико-экономической эффективности Месторождения промышленного значения на основе геологической, технической и экономической моделей;

8) обязательства претендента в отношении охраны окружающей среды, включая рекультивацию и восстановление Договорной территории;

9) предложения по финансированию образовательных и социальных программ в рамках проекта;

10) предложение претендента относительно доли участия в Договоре Концерна либо рекомендованного Концерном Лица в качестве Подрядчика в период Добычи. Размер доли участия определяется в Договоре.

4. Заявка на получение Лицензии на Разведку и Добычу должна содержать условия, необходимые для заявки на получение Лицензии на Разведку и заявки на получение Лицензии на Добычу.

5. Заявка на получение Лицензии на Переработку должна содержать:

4）商业性油气田开发方案的预计实施起始日期及油气预计开始生产日期；

5）生产预测曲线和预计达到最高产量的时间；

6）有关油气开发、生产基本投资和其他支出预算，以及油气销售收入的预测；

7）基于地质、技术和经济模型分析商业性油气田的技术经济效益；

8）申请人关于环境保护方面的义务，包括合同区的复耕和恢复；

9）项目框架下的教育和社会项目资助方案；

10）申请人关于康采恩或康采恩推荐人作为承包商在开发阶段参与石油合同份额的报价，参与份额在石油合同中确定。

4. 勘探开发统一许可证的领取申请应包括领取勘探许可证申请和开发许可证申请的必要条款。

5. 油气处理许可证申请包括：

1) наименование (имя) претендента, его адрес, к какому государству принадлежит (для юридических лиц), сведения о гражданстве (для физических лиц);

2) данные о Родительских компаниях, собственниках (владельцах) претендента и его руководителях (для юридического лица), а также о правомочных представителях претендента, которые будут представлять его при проведении тендера или прямых (неэксклюзивных) переговоров и при получении Лицензии и подписании Договора;

3) данные о технических, управленческих, организационных и финансовых возможностях претендента;

4) информацию о предыдущей деятельности претендента, включая список государств, в которых им проводились Нефтяные работы в течение последних пяти лет, а также финансовые отчёты за указанный период;

5) источники финансирования работ по Переработке.

Статья 13. Условия и порядок выдачи Лицензии

1. Лицу, в отношении которого по итогам тендера или прямых (неэксклюзивных) переговоров Концерном принято решение о целесообразности привлечения его к Нефтяным работам, выдается Лицензия.

1) 申请人的姓名、地址、所属国（法人）、国籍（自然人）；

2) 申请人的母公司、所有权人（持有人）及其管理人员（法人实体）信息，以及代表申请人参与投标或直接（非排他性）谈判、领取许可证及签署合同的全权代表的信息；

3) 有关申请人的技术、管理、组织和财务能力信息；

4) 有关申请人以往经营活动的信息，包括最近5年内曾从事石油作业的国别清单及财务报告；

5) 油气处理资金来源。

第13条　许可证发放条件和程序

1. 根据招标或直接（非排他性）谈判结果，康采恩向其认为适合从事石油作业的自然人/法人发放许可证。

2. Порядок выдачи Лицензии определяется по правилам настоящего Закона и принятыми в соответствии с ним иными нормативными правовыми актами Туркменистана.

3. Иностранному физическому лицу Лицензия выдаётся при условии его регистрации в Туркменистане в качестве индивидуального предпринимателя, а иностранному юридическому лицу – при условии открытия им филиала в Туркменистане.

4. Лицензия регистрируется Концерном.

Статья 14. Назначение Лицензии

1. Никто не вправе осуществлять Нефтяные работы без соответствующей Лицензии. Обладатель лицензии имеет право проводить только те виды Нефтяных работ, которые указаны в Лицензии.

2. Условия Договора должны соответствовать условиям Лицензии.

Статья 15. Содержание Лицензии

1. В содержании Лицензии на Разведку указываются:

2. 许可证发放程序由本法和依据本法制定的其他规范性法律文件确定。

3. 外国自然人在土库曼斯坦注册为个体经营者、外国法人在土库曼斯坦设立分公司后才可向其发放许可证。

4. 许可证由康采恩进行登记。

第 14 条　许可证用途

1. 未经取得相应许可证,任何人无权从事石油作业。许可证持有人只能从事许可证规定的石油作业。

2. 石油合同条款应当与许可证条款相符。

第 15 条　许可证内容

1. 勘探许可证应载明:

1) сведения о получателе Лицензии;

2) вид Нефтяных работ, на проведение которых выдается Лицензия;

3) границы Договорной территории согласно географическим координатам, указанным в Договоре;

4) сроки действия Лицензии и условия их продления;

5) вид Договора, заключаемого между Сторонами договора;

6) обязательства Обладателя лицензии по соблюдению требований об охране окружающей среды и другие обязательства;

7) иные сведения, определяемые Концерном.

2. В содержании Лицензии на Добычу указываются:

1) сведения о получателе Лицензии;

2) вид Нефтяных работ, на проведение которых выдается Лицензия;

3) границы участка Договорной территории, на которой находится Месторождение промышленного значения, согласно географическим координатам, указанным в Договоре;

4) сроки действия Лицензии и условия их продления;

5) обязательства Обладателя лицензии по соблюдению требований об охране окружающей среды и другие обязательства;

1) 有关许可证获得者的信息；

2) 许可的石油作业类型；

3) 根据石油合同载明的地理坐标所确定的合同区范围；

4) 许可证有效期及延期条件；

5) 合同双方所签订的石油合同类型；

6) 许可证持有人遵守环境保护要求的义务和其他义务；

7) 康采恩规定的其他信息。

2. 开发许可证应载明：

1) 有关许可证获得者的信息；

2) 许可的石油作业类型；

3) 根据石油合同载明的地理坐标所确定的商业性油气田所在合同区范围；

4) 许可证有效期及延期条件；

5) 许可证持有人遵守环境保护要求的义务和其他义务；

6）иные сведения, определяемые Концерном.

3. В содержании Лицензии на Разведку и Добычу указываются все условия, содержащиеся в Лицензии на Разведку и Лицензии на Добычу.

4. В содержании Лицензии на Переработку указываются:

1）сведения о получателе Лицензии;

2）сроки действия Лицензии и условия их продления;

3）вид Договора, заключаемого между Сторонами договора;

4）обязательства Обладателя лицензии по соблюдению требований об охране окружающей среды и другие обязательства;

5）иные сведения, определяемые Концерном.

Статья 16. Сроки действия Лицензий

1. Лицензия на Разведку выдается на срок до 6 лет.

2. Срок действия Лицензии на Разведку может быть продлён дважды с продолжительностью каждого периода до двух лет в соответствии с условиями Лицензии и Договора.

6）康采恩规定的其他信息。

3. 在勘探开发许可证中应载明勘探许可证和开采许可证包含的各项条件。

4. 油气处理许可证内容包括：

1）许可证获得者信息；

2）许可证有效期和延期条件；

3）合同双方签订的合同类型；

4）许可证持有人遵守环境保护要求的义务和其他义务；

5）康采恩规定的其他信息。

第 16 条　许可证有效期

1. 勘探许可证有效期不超过6年。

2. 根据石油合同和许可证条款，勘探许可证可延期2次，每次最长2年。

3. Если Подрядчик осуществит обнаружение на Договорной территории, однако, Подрядчик не сможет его оценить по обоснованной причине до конца срока действия Лицензии на Разведку с учётом его продления, то Подрядчик имеет право провести переговоры с Концерном на предмет получения новой Лицензии на Разведку в отношении данной Договорной территории на срок, обоснованно необходимый для завершения такой оценки обнаружения.

4. Лицензия на Добычу выдаётся сроком на 20 лет. Срок действия Лицензии на Добычу может быть продлён на 5 лет в соответствии с условиями Лицензии и Договора.

5. Заявка о продлении срока действия Лицензии рассматривается не позднее трёх месяцев со дня её поступления в Концерн.

6. Лицензия на Разведку и Добычу выдается на срок, который охватывает сроки действия Лицензии на Разведку и Лицензии на Добычу, включая возможные периоды их продления.

6^1. Лицензия на Переработку выдаётся сроком на 20 лет. Срок действия Лицензии на Переработку может быть продлён на 10 лет в соответствии с условиями Лицензии и Договора.

7. Срок действия Лицензии исчисляется со дня вступления Договора в силу.

3. 如果承包商在合同区内发现油气资源，但基于充足理由在勘探许可证满（包括延长期在内）前无法对该发现进行评价的，承包商有权与康采恩进行谈判，以获取该合同区新的勘探许可证，新许可证期限为完成该发现评价工作的必要合理期限。

4. 开发许可证有效期为20年。根据石油合同和许可证条款，开发许可证可延期5年。

5. 许可证延期申请自康采恩收到之日起3个月内进行审查。

6. 勘探开发统一许可证期限包括勘探许可证有效期和开发许可证有效期，以及可能的延长期。

6^1. 油气加工处理许可证有效期为20年。根据许可证和合同条款，该许可证的有效期可延长10年。

7. 许可证有效期自石油合同生效之日起算。

Статья 17. Права Обладателя лицензии

1. Обладатель лицензии на Разведку имеет исключительное право в соответствии с настоящим Законом и условиями Лицензии проводить Разведку Углеводородных ресурсов и выполнять связанные с Разведкой необходимые виды Нефтяных работ, предусмотренные Договором.

2. Обладатель лицензии на Разведку в случае открытия Месторождения промышленного значения имеет исключительное право на получение Лицензии на Добычу при условии подачи заявки в соответствии с условиями Договора.

3. Обладатель Лицензии на Добычу в соответствии с настоящим Законом и условиями Лицензии имеет исключительное право:

1）проводить работы по Добыче на Договорной территории в соответствии с условиями Лицензии и Договора;

2）распоряжаться своей долей Углеводородных ресурсов в соответствии с условиями Договора;

3）осуществлять на Договорной территории и за ее пределами Нефтяные работы в соответствии с условиями Лицензии и Договора.

第 17 条　许可证持有人权利

1. 勘探许可证持有人根据本法和许可证条款，拥有从事油气勘探和合同规定的与勘探相关所需石油作业的专有权。

2. 在发现商业性油气田的情况下，勘探许可证持有人根据合同条款递交申请时享有获取开发许可证的专有权。

3. 开发许可证持有人根据本法和许可证规定享有下列专有权利：

1）根据石油合同和许可证规定在合同区内从事生产作业；

2）根据石油合同规定处置其油气份额；

3）根据石油合同和许可证规定在合同区内和合同区外从事石油作业。

Статья 18. Прекращение действия Лицензии

1. Действие Лицензии прекращается:

1) по истечении срока действия Лицензии или сроков продления действия Лицензии;

2) при аннулировании Лицензии в соответствии с настоящим Законом;

3) в случае расторжения Договора по основаниям, предусмотренным Договором.

2. В исключительных случаях, когда разработка Договорной территории сверх предусмотренного срока Лицензий на Добычу целесообразна в коммерческих интересах Сторон договора и обоснована коммерческим проектом, то на основании решения Концерна срок действия Лицензии на Добычу может быть увеличен с учетом его продления ещё до десяти лет.

При этом невыполнение программы и плана разработки в связи с истечением срока действия Лицензии на Добычу не является основанием для продления срока такой Лицензии в соответствии с настоящей статьей, если Концерн не примет иное решение.

第18条 许可证效力终止

1.许可证效力终止：

1) 许可证有效期或延长期届满的；

2) 根据本法规定吊销许可证的；

3) 基于石油合同约定事由解除石油合同的。

2. 在特殊情况下，当合同区的开发超出开发许可证规定的期限，经商业计划书论证且符合合同双方商业利益时，康采恩可以决定将开发许可证有效期（包括延长期在内）再延长，期限不超过10年。

同时因开发许可证有效期届满而未能完成开发计划和方案，不得作为根据本条款延长开发许可证有效期的理由，但康采恩作出其他决定的除外。

Статья 19. Приостановление и возобновление действия Лицензии

1. Действие Лицензии приостанавливается Концерном в случаях, когда Обладатель лицензии：

1）проводит Нефтяные работы, не предусмотренные Лицензией；

2）осуществляет деятельность в рамках Лицензии, но не по плану и программе проведения Нефтяных работ, согласованных с Концерном при выполнении Договора；

3）в процессе своей деятельности систематически и (или) существенно нарушает законодательство Туркменистана в части охраны недр, окружающей среды и безопасного ведения работ；

4）в иных случаях, предусмотренных настоящим Законом.

2. В случае приостановления действия Лицензии Концерн письменно уведомляет Обладателя лицензии о причинах такого приостановления и устанавливает разумный срок для их устранения. Приостановление действия Лицензии не означает приостановления действий Обладателя лицензии по устранению недостатков.

第19条 暂停和恢复许可证效力

1.许可证持有人有以下行为的，康采恩将暂停许可证效力：

1）从事许可证中未规定的石油作业；

2）在许可证框架内从事活动时，违反与康采恩签署的合同所商定的石油作业计划和方案；

3）在作业过程中，经常和（或）严重违反土库曼斯坦有关地下资源、环境保护和安全作业的法律；

4）本法规定的其他情况。

2.暂停许可证效力情况下，康采恩以书面形式通知许可证持有人暂停的原因，并规定合理的整改期限；即使许可证效力被暂停，许可证持有人也不得停止整改行动。

3. При устранении причин, вызвавших приостановление действия Лицензии, её действие возобновляется, о чем письменно уведомляется Обладатель лицензии.

4. Приостановление действия Лицензии влечёт приостановление ведения Нефтяных работ по Договору. Действие Договора возобновляется одновременно с возобновлением действия Лицензии.

5. Приостановление действия Лицензии не является основанием для продления срока действия Лицензии и Договора.

Статья 20. Аннулирование Лицензии

1. Концерн вправе аннулировать выданную Лицензию в следующих случаях:

1) при отказе Обладателя лицензии устранить причины, вызвавшие принятие решения о приостановлении действия Лицензии либо при неустранении этих причин в установленный срок;

2) при установлении факта предоставления Обладателем лицензии Концерну ложной информации, оказавшей существенное влияние на его решение о выдаче Лицензии;

3. 当导致许可证暂停的因素消除后，许可证效力恢复，并书面通知许可证持有人。

4. 许可证效力暂停，石油合同规定的石油作业也将暂停。许可证和石油合同效力同时恢复。

5. 许可证效力暂停不构成延长许可证和石油合同有效期的理由。

第 20 条　吊销许可证

1. 在下列情况下，康采恩有权吊销许可证：

1）许可证持有人拒绝整改导致许可证效力暂时中止的原因或者未按期整改的；

2）发现许可证持有人向康采恩提供虚假信息，该信息对康采恩作出颁发许可证的决定产生实质影响的；

3）при нарушении сроков начала проведения Нефтяных работ, предусмотренных Договором;

4）в иных случаях, предусмотренных настоящим Законом.

2. Аннулирование Лицензии влечёт одновременное прекращение действия Договора.

3）违反石油合同约定的石油作业开始期限的；

4）本法规定的其他情况。

2. 许可证吊销的，石油合同效力同时终止。

Глава IV. Договоры

Статья 21. Виды Договоров

1. В соответствии с настоящим Законом для выполнения Нефтяных работ применяются следующие виды Договоров:

1) Договор о разделе продукции;

2) Договор о концессии на условиях роялти и налога;

3) Договор о Совместной деятельности;

4) Договор на Сервисные услуги с риском.

2. Договор о разделе продукции, Договор о концессии на условиях роялти и налога и Договор на Сервисные услуги с риском заключаются между Концерном и Подрядчиком. При этом в качестве Подрядчика может выступать также предприятие, являющееся юридическим лицом Концерна, или другая национальная компания.

3. Предприятие, являющееся юридическим лицом Концерна, или другая национальная компания может участвовать в Договоре о Совместной деятельности в качестве Подрядчика.

4. В зависимости от характера конкретных Нефтяных работ и других обстоятельств допускаются сочетание указанных видов Договоров и иные виды Договоров.

第4章 石油合同

第21条 石油合同类型

1. 根据本法，从事石油作业采用以下合同类型：

1）产品分成合同；

2）矿税制许可合同；

3）联合作业合同；

4）风险服务合同。

2. 产品分成合同、矿税制许可合同、风险服务合同由康采恩与承包商签订。同时，康采恩所属法人企业或其他国有公司可以作为承包商。

3. 康采恩所属法人企业，或者其他国有公司，可以作为承包商签订联合作业合同。

4. 根据具体石油作业的性质和其他情况，允许上述石油合同类型相互组合，或者采用其他类型石油合同。

Статья 22. Срок, действия и условия Договора

Срок действия и условия Договора определяются соглашением Сторон договора в соответствии с настоящим Законом и Лицензией.

Статья 23. Порядок заключения и регистрации Договора

1. Положения Договора, относящиеся к охране окружающей среды, охране недр, обеспечению безопасности и здоровья населения при проведении Нефтяных работ согласовываются Концерном с соответствующими компетентными государственными органами. Порядок и сроки такого согласования определяются Концерном.

Отсутствие согласования Договора со стороны указанных органов в установленный Концерном срок не является основанием для отказа уполномоченных органов в регистрации Договора.

2. Договор вступает в силу со дня его регистрации в соответствующих органах исполнительной власти.

第 22 条 石油合同有效期和条款

石油合同有效期和条款由合同双方依照本法和许可证协商确定。

第 23 条 石油合同的签订和登记程序

1. 涉及石油作业过程中对环境保护、地下资源保护，以及居民健康和安全保障的合同条款，由康采恩与相关的国家主管机关协商确定，协商程序和时限由康采恩决定。

在康采恩确定的期限内未能从上述机关取得协商结果的，国家授权机关不得以此为由拒绝石油合同登记。

2. 石油合同自相应行政机构登记之日起生效。

Статья 24. Изменение условий Договора и прекращение его действия

1. Условия Договора могут изменяться только при наличии письменного согласия Сторон договора, если иное не предусмотрено настоящим Законом.

2. Концерн и Подрядчик могут прекратить действие Договора по основаниям и в порядке, предусмотренным Договором.

3. Действие Договора прекращается в случае, если в соответствии с настоящим Законом Лицензия аннулируется.

4. Стороны договора не освобождаются от выполнения текущих обязательств, которые остались невыполненными к моменту прекращения действия Договора.

5. В случае досрочного прекращения действия Договора Подрядчик вправе самостоятельно распорядиться имуществом, находящимся в его собственности, если иное не предусмотрено Договором. При этом Концерн имеет приоритетное право на приобретение такого имущества.

6. Вопросы перехода права собственности на имущество, принадлежащее Подрядчику, в период действия Договора, а также по истечении срока его действия, оговариваются в Договоре.

第 24 条　石油合同条款变更及其效力终止

1. 除本法另有规定外,石油合同条款变更须经双方书面同意。

2. 康采恩和承包商可以按照石油合同所规定的事由和程序终止石油合同。

3. 在根据本法吊销许可证的情况下,石油合同效力终止。

4. 石油合同双方不能因终止石油合同而免除履行尚未履行的义务。

5. 在石油合同提前终止的情况下,承包商有权自行处置其所有的财产,除非石油合同另有规定。同时,康采恩享有该财产的优先购买权。

6. 在石油合同有效期内及期满后,承包商财产所有权的转移应按照石油合同的约定处理。

7. В случае прекращения действия Договора Подрядчик за счет собственных средств обязан привести территорию проведения Нефтяных работ в состояние, соответствующее требованиям законодательства Туркменистана по охране окружающей среды, недр, безопасности и здоровья населения и правилам международной практики ведения Нефтяных работ.

7. 在石油合同效力终止的情况下，承包商有义务自费将石油作业区域恢复至符合土库曼斯坦有关环境、地下资源、居民安全和健康保护法律及国际石油作业惯例的状态。

Глава V. Проведение нефтяных работ

第 5 章 石油作业

Статья 25. Условия проведения Нефтяных работ

第 25 条 石油作业的条件

1. Условия проведения Нефтяных работ, в том числе условия проведения тендера по приобретению товаров, выполнению работ и оказанию услуг связанных с осуществлением этих работ, -определяются Договором.

2. Если в результате Разведки открыто месторождение Углеводородных ресурсов, Подрядчик обязан уведомить Концерн об этом открытии, сделать оценку месторождения, в том числе его запасов, и подготовить заключение о том, имеет ли оно промышленное значение. Сроки уведомления об открытии, результатах оценки месторождения, в том числе его запасов, и подготовки заключения по вопросу промышленного значения открытого месторождения определяются в Договоре.

1. 石油作业的条件，以及与之相关的商品采购、工作完成和提供服务的招标条件，均在石油合同中规定。

2. 如果经勘探发现油气田，承包商必须将发现情况通报康采恩，对油气田及储量进行评价，并就其是否具有工业价值作出结论。油气田发现的上报、油气田及储量的评价，以及作出是否具有工业价值的结论等的期限，均在石油合同中规定。

3. При обнаружении Месторождения промышленного значения в условиях Договора о разделе продукции Подрядчику предоставляется право на возмещение затрат по проведению Нефтяных работ, ежеквартальный размер которого не может превышать размер выручки за причитающуюся ему долю Углеводородных ресурсов.

При обнаружении Месторождения промышленного значения в условиях иных Договоров, чем Договор о разделе продукции, Подрядчику предоставляется право на возмещение затрат по проведению Нефтяных работ, ежеквартальный размер которого определяется в соответствии с условиями Договора.

4. Если по истечении срока действия Лицензии на Разведку либо срока продления её действия Месторождение промышленного значения не открыто, Подрядчик не имеет права на возмещение затрат. При этом действие Лицензии на Разведку и Договора прекращаются.

5. В случаях если Подрядчик считает, что месторождение не имеет промышленного значения или отказывается от освоения Месторождения промышленного значения, он обязан покинуть участок Договорной территории, на котором расположено данное месторождение, с соблюдением условий части седьмой статьи 24 настоящего Закона.

3. 在产品分成合同条件下，当发现商业性油气田时，承包商有权回收石油作业费用，每季度回收金额不得超过其油气份额的销售收入。

在产品分成合同之外的其他合同条件下，当发现具有工业价值的油气田时，承包商有权回收石油作业费用，每季度回收金额根据合同条款确定。

4. 如果勘探许可证有效期或延长期期满后仍未发现具有工业价值的油气田，承包商无权回收费用。同时，勘探许可证和合同的效力终止。

5. 如果承包商认为油气田不具有工业价值或放弃开发具有工业价值的油气田，承包商应当退回该油气田所在的合同区块，同时应遵守本法第24条第7款的规定。

Статья 26. Совместное освоение месторождения

1. Совместное освоение месторождения означает координацию работ между двумя или более Подрядчиками, осуществляющими свою деятельность по разработке одного и того же месторождения, расположенного на прилегающих друг к другу Договорных территориях.

Такие Подрядчики обязаны заключить между собой договор по совместному освоению такого месторождения как единого объекта, и такое месторождение должно осваиваться по разработанному Подрядчиками единому плану. Договор и единый план совместного освоения подлежат утверждению Концерном.

2. Если какой-либо из Подрядчиков отказывается заключить договор по совместному освоению месторождения с другим Подрядчиком, то Концерн вправе обязать его заключить такой договор.

Если какой-либо из Подрядчиков отказывается разработать единый план совместного освоения месторождения, то Концерн вправе поручить подготовку такого плана независимому эксперту за счет Подрядчиков. Исполнение такого плана обязательно для Подрядчиков. В случае отказа от исполнения таких обязательств каким-либо Подрядчиком он обязан возвратить соответствующую территорию такого месторождения.

第26条 联合开发油气田

1. 联合开发油气田，指两个或两个以上承包商对位于相邻合同区内的同一油气田进行协同开发。

上述承包商之间应签订油气田联合开发合同，该油气田应按照承包商制定的统一方案进行开发。联合开发合同和统一开发方案应由康采恩批准。

2. 如果某一承包商拒绝与另一承包商签订联合开发合同，则康采恩有权责成前者签订该合同。

如果某一承包商拒绝编制统一的联合开发方案，则康采恩有权委托独立专家编制该方案，费用由各承包商承担。各承包商必须执行该方案。如果某一承包商拒绝履行该义务，该承包商应当退还该油气田区域。

Статья 27. Искусственные острова, дамбы и другие сооружения

1. Строительство, эксплуатация и использование искусственных островов, дамб и других сооружений, возводимых в целях проведения Нефтяных работ на территории Туркменистана, включая туркменский сектор Каспийского моря и Внутренние водоемы, осуществляются на основании отдельного разрешения, выдаваемого Концерном Подрядчику, при условии защиты и охраны Подрядчиком окружающей среды и биоресурсов.

Вокруг таких искусственных островов, дамб и других сооружений устанавливаются зоны безопасности, которые простираются на расстояние 500 метров от каждой точки их внешних границ.

2. Расположение искусственных островов, дамб и других сооружений не должно создавать препятствий налаженным морским путям, имеющим важное значение для судоходства и рыболовства.

3. Подрядчик или Субподрядчик, ответственные за строительство, содержание и эксплуатацию искусственных островов, дамб и других сооружений, обязаны обеспечивать их охрану и постоянное наличие предупредительных знаков, указывающих на их расположение.

第 27 条 人工岛、堤坝和建筑物

1. 在土库曼斯坦境内,包括里海土库曼斯坦境内水域和土库曼斯坦内陆水域,鉴于对自然环境和生物资源的保护义务,承包商必须取得康采恩颁发的单独许可证方可建造、运营和使用用于石油作业的人工岛、堤坝和其他建筑物。

在人工岛、堤坝和其他建筑物周围设置安全区,范围为从所述设施外边界任一点向外延伸 500m。

2. 人工岛、堤坝和其他建筑物的选址不应妨碍对现有航运和捕鱼有重要意义的航道。

3. 负责建造、维护和运营人工岛、堤坝和其他建筑物的承包商或分包商,应当保护所述设施,并设置指示上述设施位置的永久性警示标识。

4. Покинутые или неиспользуемые искусственные острова, дамбы и другие сооружения, если они не могут быть использованы для других целей, демонтируются таким образом, чтобы не создавать угрозу безопасности людям, природным ресурсам, помех судоходству или рыболовству.

Статья 28. Право Концерна на приобретение Углеводородных ресурсов

1. Концерн (в том числе через его подведомственное предприятие, его совместное предприятие или акционерное общество, участником которого он является) имеет приоритетное право на коммерческое приобретение в любое время доли Углеводородных ресурсов Подрядчика на конкурентной рыночной основе.

2. Концерн также имеет приоритетное право на приобретение доли Углеводородных ресурсов Подрядчика в целях удовлетворения потребностей внутреннего рынка и при условии, что такие потребности не были удовлетворены за счёт полного использования добытых Углеводородных ресурсов. При этом предельные объёмы приобретаемых Углеводородных ресурсов, порядок ценообразования, форма оплаты и валюта, в которой производится платёж, определяются Договором.

4. 被废弃的或不再使用的人工岛、堤坝和其他建筑物，如果不能用于其他用途，应当拆除，使之不危及人类和自然资源安全，不妨碍航运或渔业。

第 28 条 康采恩购买油气资源的权利

1. 康采恩（包括其下属企业、合资企业或参股企业）在竞争性市场基础上，任何时候均具有优先商业购买承包商油气份额的权利。

2. 为满足国内市场需求，在所生产的油气全部应用仍无法满足国内市场需求的情况下，康采恩享有优先购买承包商油气份额的权利。

同时，油气资源的购买量限额、定价程序、付款方式和币种，由石油合同来确定。

Статья 29. Принудительное возмездное отчуждение (реквизиция) Углеводородных ресурсов и их компенсация

1. В случае войны, угрозы войны, стихийного бедствия или при иных обстоятельствах, установленных законодательством Туркменистана о чрезвычайных ситуациях и ситуациях, носящих чрезвычайный характер, Кабинет Министров (Правительство) Туркменистана имеет право принудительного возмездного отчуждения (реквизиции) части или всей доли Углеводородных ресурсов, принадлежащих Подрядчику. Принудительное возмездное отчуждение (реквизиция) осуществляется в размерах, необходимых для обеспечения нужд Туркменистана в течение всего периода чрезвычайных ситуаций, определяемых Кабинетом Министров (Правительством) Туркменистана.

2. Кабинет Министров (Правительство) Туркменистана гарантирует компенсацию за реквизированные Углеводородные ресурсы Подрядчика в натуральном выражении или путем выплаты их стоимости в свободно конвертируемой валюте по справедливым ценам.

第 29 条　对油气资源的有偿强制征收及其补偿

1. 在发生战争、战争威胁、自然灾害或者土库曼斯坦紧急状态法所规定的情况下，土库曼斯坦内阁（政府）有权决定有偿强制征收（征用）承包商的全部或部分油气份额。有偿强制征收的数量应保证土库曼斯坦在紧急状态期间的需求，具体数量由土库曼斯坦内阁（政府）确定。

2. 土库曼斯坦内阁（政府）保证以实物形式或以可自由兑换货币，基于公平价格对被征收的油气资源给予补偿。

Статья 30. Государственный контроль за проведением Нефтяных работ

1. В соответствии с настоящим Законом государственный контроль за проведением Нефтяных работ осуществляет Концерн.

Министерства и другие органы исполнительной власти осуществляют соответствующий государственный контроль и надзор в пределах их компетенции, установленной законодательством Туркменистана.

Министерства и другие органы исполнительной власти обязаны обеспечивать конфиденциальность любой информации, полученной ими при осуществлении такого контроля и надзора.

2. Министерства и другие органы исполнительной власти до проведения соответствующих проверок и инспекций в пределах их компетенции по осуществлению государственного контроля и надзора в соответствии с законодательством Туркменистана предварительно в письменном виде согласовывают проведение таких проверок и инспекций с Концерном.

第30条 国家对石油作业的监管

1. 康采恩根据本法对石油作业实施国家监督。

各部和其他国家权力执行机关在土库曼斯坦法律所赋予的职权范围内实施适当的国家监督和检查。

各部和其他权力执行机关应当对其在监督和检查过程中获得的所有信息予以保密。

2. 各部和其他权力执行机关在依照土库曼斯坦法律规定的职权范围内行使国家监督和检查之前,须事先得到康采恩的书面同意。

3. Министерства и другие органы исполнительной власти в ходе осуществления проверок и инспекций, указанных в части второй настоящей статьи, не вправе вмешиваться в отношения Сторон договора.

4. Министерства и другие органы исполнительной власти направляют свои заключения, справки, отчеты и иные акты, подготовленные по результатам проверок и инспекций, в Концерн для их рассмотрения и принятия мер в соответствии с настоящим Законом, Лицензией и Договором.

5. Правоохранительные органы осуществляют контроль и надзор за соблюдением законодательства Туркменистана при проведении Нефтяных работ в пределах их компетенции, предусмотренной законодательством Туркменистана. Правоохранительные органы информируют Концерн о предстоящих проверках. Справки, заключения, протоколы и иные акты таких проверок направляются Концерну.

6. Концерн сообщает министерствам, другим органам исполнительной власти и правоохранительным органам, направившим свои заключения, справки, отчеты и иные акты, о результатах их рассмотрения.

3. 各部和其他权力执行机关在依照本条第2款监督检查时无权干涉合同双方的关系。

4. 各部和其他权力执行机关应当将监督检查结果形成的结论、证明、报告和决议提交给康采恩，以便进行审议，并依照本法、许可证和石油合同采取措施。

5. 执法机关根据土库曼斯坦法律所赋予的职权，对从事石油作业时遵守法律的情况实施监督和检查。执法机关应提前告知康采恩即将进行检查。检查后形成的证明、结论、议定书和其他文件应提交给康采恩。

6. 康采恩向做出结论、证明、报告和决议的各部、其他权力执行机关和执法机关通报审议结果。

Статья 30¹. Взаимодействие Концерна с органами исполнительной власти по осуществлению Нефтяных работ

1. Концерн в соответствии с настоящим Законом и Правилами разработки имеет право поручать соответствующим государственным органам (организациям) осуществлять безвозмездно экспертизу программы и плана Нефтяных работ Подрядчика в целях определения их эффективности и соответствия законодательству Туркменистана.

2. Порядок взаимодействия Концерна с органами исполнительной власти по осуществлению Нефтяных работ определяется актом Президента Туркменистана.

Статья 31. Измерение и взвешивание добытых Углеводородных ресурсов

1. Измерение и взвешивание Углеводородных ресурсов, добытых на Договорной территории и (или) хранимых как на Договорной территории, так и за ее пределами, производятся Подрядчиком регулярно в периоды, определяемые Договором, с применением методов, используемых в международной практике ведения Нефтяных работ.

第 30¹ 条　康采恩与权力执行机关在石油作业方面相互协作

1. 康采恩有权依照本法和开发条例委托相关国家机构（组织）对承包商的石油作业计划和方案进行免费审查，以确定其有效性和是否符合土库曼斯坦法律。

2. 康采恩与权力执行机关在实施石油作业方面相互协作的程序，由土库曼斯坦总统法令确定。

第 31 条　油气计量和称重

1. 承包商采用国际石油作业惯例，并按照石油合同的规定定期对合同区生产的和（或）合同区内外储存的油气进行计量和称重。

Применение других методов измерения и взвешивания Углеводородных ресурсов, а также используемых при этом приборов и оборудования, производится Подрядчиком только при наличии разрешения Концерна.

2. Концерн вправе систематически, через определенный период времени требовать от Подрядчика проведения испытания оборудования и приборов, используемых для взвешивания и измерения Углеводородных ресурсов, и предоставления результатов испытаний Концерну.

3. Если при испытании или проверке оборудования или приборов, используемых для взвешивания и измерения Углеводородных ресурсов, обнаруживаются дефекты или неточности, и при невозможности определения срока их наступления считается, что данное оборудование или прибор является неисправным или неточным с середины периода, исчисляемого с даты их последнего испытания, результаты которого были положительными, до момента обнаружения дефекта или неточности. В последующем производится уточнение всех соответствующих условий Договора, содержащихся в нём расчетов и показателей.

承包商使用其他的油气计量和称重方法，以及所用的仪器和设备，必须经康采恩准许后方可使用。

2. 康采恩有权要求承包商定期对油气称重和计量设备、仪器进行测试，并将测试结果提交给康采恩。

3. 如果在对油气称重和计量设备、仪器进行测试或检查时发现故障或误差，并且无法确定出现故障或误差的时间，则认为该设备或仪器自最近一次测试结果正常之日至发现故障或误差之日这一时段的中间时刻为产生故障或误差的起始日。随后，对石油合同中含有结算和指标的相应条款进行修正。

Глава VI. Права, обязанности и ответственность подрядчика и оператора

第 6 章　承包商及作业者的权利、义务和责任

Статья 32. Права Подрядчика

第 32 条　承包商的权利

В процессе осуществления Нефтяных работ Подрядчик имеет право:

1) использовать Договорную территорию для осуществления деятельности, указанной в Лицензии и Договоре;

2) сооружать на Договорной территории и за её пределами объекты производственной, административно-хозяйственной и социальной сферы, необходимые для проведения Нефтяных работ, а также пользоваться ими по договорённости с владельцами объектов и коммуникаций общего пользования как на Договорной территории, так и за её пределами;

3) пользоваться услугами Субподрядчиков при выполнении отдельных видов Нефтяных работ;

在从事石油作业过程中，承包商有权：

1）利用合同区从事石油合同和许可证中载明的活动；

2）在合同区内及合同区外建造从事石油作业所需的生产、经营管理和社会设施，以及根据与公用设施及管道所有人之间的协议使用上述设施；

3）使用分包商从事某类石油作业；

4) свободно распоряжаться принадлежащей ему долей Углеводородных ресурсов как в Туркменистане, так и за его пределами;

5) проводить переговоры с Концерном на получение новой Лицензии на Разведку в соответствии с частью третьей статьи 16 настоящего Закона;

6) отказываться от всех или части своих прав и прекращать свою деятельность на Договорной территории на условиях, определенных Договором;

7) осуществлять иные права, предоставленные настоящим Законом.

Статья 33. Обязанности Подрядчика

В процессе осуществления Нефтяных работ Подрядчик обязан:

1) применять наиболее эффективные методы и технологии проведения Нефтяных работ, основанные на стандартах, принятых в международной практике проведения Нефтяных работ;

2) проводить Нефтяные работы в строгом соответствии с настоящим Законом, Правилами разработки, условиями Лицензии и Договора;

4) 在土库曼斯坦境内和境外自由处置其油气份额；

5) 按照本法第16条第3款的规定，与康采恩就获取新勘探许可证进行谈判。

6) 按石油合同规定的条件放弃全部或部分权利及终止合同区作业。

7) 行使本法赋予的其他权利。

第33条 承包商的义务

在从事石油作业过程中，承包商应当：

1) 基于石油作业国际惯例采用最有效的石油作业方式和工艺；

2) 严格遵照本法、开发原则、石油合同和许可证条款从事石油作业；

3) соблюдать требования по охране окружающей среды и недр, по обеспечению безопасности и охраны здоровья населения в соответствии с законодательством Туркменистана, в том числе:

а) строго контролировать Добычу и недопускать сброс или утечку Углеводородных ресурсов на Договорной территории и за ее пределами;

б) предупреждать и предотвращать повреждение продуктивных пластов, в том числе вызванное падением пластового давления, проникновением воды, других веществ в залежи Углеводородных ресурсов;

в) принимать меры к недопущению загрязнения любых источников воды, рек, каналов, ирригационных систем, озер, моря, вызываемого утечкой Углеводородных ресурсов, соляного раствора, буровой жидкости, химических добавок или любых других отработанных продуктов и вод. В случае загрязнения производить очистку или рассеивание экологически приемлемыми методами;

4) обеспечивать проведение Нефтяных работ с наименьшими обоснованными затратами с целью достижения наилучшего экономического результата;

3) 遵守土库曼斯坦法律关于环境和地下资源保护、居民健康和安全保障的要求，包括：

a) 对生产进行严格监督，不得在合同区内和合同区外排放或泄漏油气资源；

b) 防止含油气层被破坏，其中包括因地层压力下降、水或其他物质进入油气藏而导致的破坏；

c) 采取措施防止油气、盐溶液、钻井液、化学添加剂或其他任何废物、废水泄漏，以免污染任何水源、河流、运河、灌溉系统、湖泊和海洋，一旦发生污染，应采用可行的环保措施予以净化或清除。

4) 以经济合理的成本保证石油作业顺利进行，以获取最佳经济效益；

5) отдавать предпочтение оборудованию, материалам и готовой продукции, произведенным в Туркменистане, если они являются конкурентоспособными по своему качеству, ценам, рабочим параметрам и условиям поставки;

6) отдавать предпочтение гражданам Туркменистана при наборе персонала для проведения Нефтяных работ, обеспечивать осуществление программ обучения такого персонала в соответствии с условиями Договора;

7) обеспечивать уполномоченным представителям и сотрудникам Агентства доступ к необходимым документам, информации и объектам проведения работ;

8) своевременно уплачивать налоги и иные обязательные платежи в соответствии с настоящим Законом;

9) участвовать в развитии социальной инфраструктуры в соответствии с Договором;

10) восстанавливать за свой счёт участки земли и другие природные объекты, которым был нанесён ущерб в связи с проведением Нефтяных работ, до состояния, пригодного для их дальнейшего использования;

11) уведомлять Концерн о всех спорах с третьими Лицами, которые могут влиять на исполнение Договора;

12) осуществлять иные обязанности, вытекающие из настоящего Закона.

5）优先采购土库曼斯坦生产的设备、材料和成品，前提是其在质量、价格、操作参数和供货条件方面具有竞争力；

6）优先招聘土库曼斯坦公民从事石油作业，并按照石油合同规定实施员工培训计划；

7）保证康采恩的全权代表和工作人员查阅必要的文件和信息，并进入作业场所；

8）根据本法及时缴纳税款和其他强制性支付款项；

9）根据石油合同的规定参与发展社会基础设施；

10）自费修复因石油作业而受到破坏的土地和其他自然景观，使其达到可继续使用状态；

11）向康采恩通报与第三方发生的可能影响石油合同履行的各种争议；

12）履行本法规定的其他义务。

Статья 34. Ответственность Подрядчика

Подрядчик несёт ответственность за проведение Нефтяных работ в соответствии с настоящим Законом, иными нормативными правовыми актами Туркменистана, Лицензией и Договором.

Подрядчик также несёт ответственность за соблюдение стандартов международной практики ведения Нефтяных работ.

Статья 35. Права и обязанности Оператора

Предусмотренные статьями 32 и 33 настоящего Закона права и обязанности Подрядчика относятся также и к Оператору.

При условии если один из Подрядчиков является Оператором, то в качестве такового он обладает теми же правами и обязанностями в области валютного, налогового и таможенного регулирования, которыми обладает Подрядчик в соответствии с настоящим Законом. Если Оператором является третье Лицо, в том числе Родственная компания Подрядчика, то на него распространяются права и обязанности Субподрядчика в области валютного, налогового и таможенного регулирования, предусмотренные настоящим Законом и другими нормативными правовыми актами Туркменистана.

第 34 条 承包商的责任

承包商负责依照本法、土库曼斯坦其他规范性法律文件、石油合同和许可证的规定从事石油作业。

承包商还应承担遵守国际石油作业惯例的责任。

第 35 条 作业者的权利和义务

本法第 32 条和第 33 条有关承包商的权利和义务，也适用于作业者。

如果作业者为承包商之一，则该作业者享有承包商依照本法在货币、税收、海关方面所享有的同等权利和义务。如果作业者为第三方，包括承包商关联公司，则本法和土库曼斯坦其他规范性法律文件所规定的分包商在货币、税收、海关方面的权利和义务扩及到作业者。

Статья 36. Ответственность Оператора

Ответственность Оператора за проведение Нефтяных работ определяется настоящим Законом и иными нормативными правовыми актами Туркменистана, Лицензией и Договором.

Подрядчик несёт непосредственную имущественную и иную ответственность в соответствии с настоящим Законом, иными нормативными правовыми актами Туркменистана, Лицензией и Договором за проведение Нефтяных работ Оператором, как за свои собственные действия.

第 36 条 作业者的责任

作业者从事石油作业的责任，由本法、土库曼斯坦其他规范性法律文件、许可证和石油合同予以确定。

承包商依照本法、土库曼斯坦其他规范性法律文件、许可证和石油合同，对作业者从事的石油作业承担直接财产责任和其他责任，并将其视为自己的行为。

Глава Ⅶ. Трубопроводный транспорт

第 7 章 管　　道

Статья 37. Право собственности на Трубопроводный транспорт

第 37 条　管道所有权

1. Подрядчик в рамках выполнения Нефтяных работ по Договору имеет право на строительство Промыслового трубопровода и являться его собственником в соответствии с условиями Договора.

2. Право собственности на Экспортный магистральный трубопровод принадлежит Туркменистану, если Кабинетом Министров（Правительством）Туркменистана не принято иное решение.

3. Строительство, финансирование, эксплуатация и обслуживание Экспортного магистрального трубопровода могут осуществляться：

1）специально создаваемой компанией, совместными собственниками（владельцами）которой могут являться Концерн, Подрядчик, независимые предприятия（компании）или указанные Лица совместно；

2）Подрядчиками на основании отдельного договора с Концерном, выступающим заказчиком строительства.

1. 承包商有权根据石油合同在石油作业框架内建设集输管道，并根据石油合同规定作为所有权人。

2. 长输管道所有权归土库曼斯坦政府，但土库曼斯坦内阁（政府）另有决定的除外。

3. 长输管道可由下列主体建造、融资、运营和维护：

1）专门成立的公司，由康采恩、承包商、独立企业单独或联合作为共同共有权人（共有人）；

2）承包商，基于其与作为发包方的康采恩另行签订的合同。

Статья 38. Использование Экспортного магистрального трубопровода

В случае письменного подтверждения собственником (владельцем) Экспортного магистрального трубопровода о наличии дополнительной или свободной пропускной мощности Экспортного магистрального трубопровода на основании тендера или переговоров, проводимых собственником (владельцем), Подрядчик может использовать дополнительные или свободные мощности для транспортировки добытых им Углеводородных ресурсов.

第 38 条　长输管道的使用

在长输管道所有者(持有者)书面确认存有扩充或富余输送能力的情况下,根据所有者(持有者)组织的招标或谈判结果,承包商可利用该扩充或富余输送能力输送其所产油气。

Статья 39. Транспортный тариф

Транспортный тариф за транспортировку Углеводородных ресурсов по Экспортному магистральному трубопроводу устанавливается и взимается его собственником (владельцем) по согласованию с Концерном.

第 39 条　管输费

长输管道管输费由所有者(持有者)经与康采恩协商后确定和征收。

Статья 40. Строительство и использование Трубопроводного транспорта

1. Строительство и использование Трубопроводного транспорта осуществляются в соответствии с нормами технического обслуживания, техники безопасности и надёжности, применяемыми в международной практике ведения Нефтяных работ, и законодательством Туркменистана. контроль за соблюдением и правильным применением таких норм, включая обеспечение техники безопасности, здоровья населения и охраны окружающей среды, осуществляют Концерн и иные уполномоченные государственные органы Туркменистана.

2. Собственник (владелец) Трубопроводного транспорта совместно с государственными органами, осуществляющими контроль за техникой безопасности, сохранением здоровья населения и охраной окружающей среды, разрабатывает план совместного контроля за безопасностью эксплуатации Трубопроводного транспорта, предотвращением возможных поломок и аварий.

3. Проведение каких-либо работ или других действий в зоне безопасности Трубопроводного транспорта запрещается.

第 40 条　管道建设和使用

1. 管道的建设和使用，应遵循国际石油作业惯例中通用的技术维护、安全技术和可靠性标准，以及土库曼斯坦法律。康采恩和其他经授权的国家主管机关应监督上述标准的遵守和正确应用情况（包括安全技术、居民健康和环境保护）。

2. 管道所有者（持有者）与对安全技术、居民健康和环境保护实施监督的国家机关共同制定管道运营安全联合监测方案，以防止可能的故障和事故。

3. 在管道安全区域内禁止任何作业或施工。

4. В пределах минимального расстояния от Трубопроводного транспорта, устанавливаемого в соответствии со стандартами строительства и нормами безопасности, применяемыми в Туркменистане, запрещается строительство любых объектов и сооружений, не связанных с Трубопроводным транспортом и его целевым назначением.

Статья 41. Строительство, прокладка и эксплуатация подводного Трубопроводного транспорта

Строительство, прокладка и эксплуатация подводного Трубопроводного транспорта осуществляются в строгом соответствии с правилами техники безопасности и охраны окружающей среды, применяемыми в международной практике проведения Нефтяных работ для подобных видов деятельности.

4. 在依照土库曼斯坦适用的建设标准和安全规范确定的最小安全距离内，禁止建造任何与管道及其专项用途无关的设施及建筑物。

第 41 条　水下管道的建设、铺设和运营

水下管道的建设、铺设和运营，严格按照国际石油作业惯例中的安全技术和环境保护条例进行。

Глава VIII. Охрана окружающей среды, обеспечение безопасности здоровья населения

第 8 章　环境保护、居民安全和健康保障

Статья 42. Обязательность мер по охране окружающей среды, безопасности и здоровья населения

第 42 条　采取环境、居民安全和健康保护措施的义务

Обеспечение мер по охране окружающей среды, безопасности и здоровья населения при проведении Нефтяных работ Подрядчиком является обязательными в соответствии с положениями настоящего Закона, законодательством Туркменистана по охране окружающей среды, безопасности и здоровья населения, а также Лицензией и Договором.

承包商在从事石油作业时,必须依照本法、土库曼斯坦有关环境及居民安全和健康保护法律、许可证和石油合同的规定,采取环境、居民安全和健康保护措施。

Статья 43. Экологическое основание для проведения Нефтяных работ

1. До начала проведения Нефтяных работ и, в случае необходимости, в период их проведения, Подрядчик представляет Концерну для согласования со специально уполномоченными органами в области охраны окружающей среды и иными государственными органами план мероприятий по охране окружающей среды, безопасности и здоровья населения, который Подрядчик намеревается применять при выполнении своей программы работ.

2. Заключения специально уполномоченных органов в области охраны окружающей среды и иных государственных органов представляются в письменном виде Концерну в течение 30 календарных дней со дня представления указанного плана. При отсутствии в установленный срок таких заключений Подрядчик может с письменного разрешения Концерна приступить к реализации указанного плана.

第 43 条 石油作业的环保依据

1. 在石油作业开始前,以及作业过程中必要的情况下,承包商向康采恩提交其在执行工作计划中拟采用的有关环境、居民健康和安全保护实施方案,以取得环境保护主管机关和其他国家机关的同意。

2. 环境保护主管机关和其他国家机关应自递交上述方案之日起 30 日内,以书面形式向康采恩出具审核结果。如未在规定期限内出具结论的,经康采恩书面许可,承包商可以开始实施该方案。

Статья 44. Экологические требования при проведении Нефтяных работ

1. При проведении Нефтяных работ запрещается:

1) осуществлять выбросы и сбросы загрязняющих веществ без их предварительной очистки до установленных предельно допустимых уровней загрязнения в соответствии с нормативными правовыми актами Туркменистана;

2) сброс и захоронение на суше, в море и поверхностных водах всех видов отходов без предварительного разрешения специально уполномоченных государственных органов;

3) применение аппаратуры и методов, безопасность которых не подтверждена соответствующими уполномоченными государственными органами;

4) проведение взрывных работ на суше, в толще воды и на морском дне без разрешения соответствующих уполномоченных государственных органов.

2. Проведение Нефтяных работ на государственных особо охраняемых природных территориях запрещается.

第44条 石油作业生态要求

1. 在从事石油作业时:

1)未经预处理并且未达到土库曼斯坦规范性法律文件规定的排放标准的污染物,不得倾倒和排放;

2)未取得国家特别授权机关的事先批准,不得向陆地、海洋、地表水倾倒和掩埋任何废物;

3)不得使用安全性能未经国家授权机关审批的装置和方法;

4)未取得相应国家授权机关的许可,不得在陆上、水层和海底从事爆破作业。

2. 禁止在国家特别自然保护区内从事石油作业。

3. Работы, связанные с выемкой и перемещением грунта на море и во Внутренних водоемах, допускаются при наличии специального разрешения, выдаваемого уполномоченным государственным органом.

4. Строительство, монтаж и демонтаж сооружений могут осуществляться только при использовании технологий, обеспечивающих сбор всех видов загрязняющих веществ.

5. Подрядчик обязан предпринимать все необходимые меры, в том числе использовать современную технику и технологии, для предотвращения сжигания или выброса Природного газа в атмосферу. В исключительных случаях в целях предотвращения опасности, создавшейся для окружающей среды, здоровья и жизни людей, и в других случаях, предусмотренных законодательством Туркменистана, Подрядчик может временно сжигать (выбрасывать) попутный газ в атмосферу с условием его надлежащей предварительной очистки.

6. Закачка отходов бурения в недра запрещается без предварительных операций по их обезвреживанию и допускается в исключительных случаях по согласованию со специально уполномоченными государственными органами.

3. 在海洋和内陆水域从事与挖掘、转运土壤等相关作业，必须持有国家授权机关颁发的特别许可证。

4. 只有采用能够确保各类污染物得到处理的技术，方可从事设施的建设、安装和拆除工作。

5. 承包商应采取一切必要措施，包括运用现代技术和工艺，以防止天然气燃烧或排放至大气中。在特殊情况下，为避免对环境、人身健康和生命造成危害，以及在土库曼斯坦法律规定的其他情况下，承包商可临时性地对伴生气进行必要的预处理后将其燃烧排放至大气中。

6. 未经无害化预处理不得将钻井废弃物注入地下，在特殊情况下，经国家特别授权机关同意后可以注入。

7. Буровая платформа (баржа) и обслуживающие её суда должны быть оборудованы установкой для очистки и обеззараживания сточных вод и (или) ёмкостями для сбора, хранения и последующей передачи сточных вод на специализированные суда и (или) береговые приёмные устройства. Для сбора или обработки мусора должны быть предусмотрены соответствующие устройства.

8. Места для размещения морских буровых платформ в пределах Договорной территории должны выбираться с учетом максимально возможного сохранения морских районов, имеющих перспективное значение для рыболовного промысла, сохранения и воспроизводства ценных видов рыб и других объектов водного промысла.

9. При проведении Нефтяных работ Подрядчик должен обеспечить проведение мероприятий по предупреждению, ограничению и ликвидации аварийных разливов.

10. При строительстве нефтегазопроводов на территории Туркменистана, включая море и Внутренние водоёмы, должны применяться технические средства и оборудование, обеспечивающие минимальный объем нарушений земель и водного дна, и использоваться технологии и методы, локализующие распространение взвешенных веществ в толще воды.

7. 钻井平台（驳船）和服务船应当配备有污水净化及无害化处理装置和（或）用于收集、存储及随后将污水转至专用船和（或）岸上接收装置的容器，且应为收集或处理垃圾配备相应的装置。

8. 在合同区内选择海洋钻井平台安装位置时，应尽最大可能保护渔业发展前景区、珍稀鱼类栖息和繁殖区，以及其他渔业设施。

9. 承包商在从事石油作业时，应采取有效措施预防、控制、消除漏油事故。

10. 在土库曼斯坦境内（包括海洋和内陆水域）修建油气管道时，应采用技术手段和设备尽可能减少对土地和水底的破坏，并采用有效的工艺和方法防止悬浮物在水层扩散。

11. Вдоль нефтегазопроводов на море и во Внутренних водоёмах должны устанавливаться охранные зоны в виде участков водного пространства от водной поверхности до дна, заключенного между параллельными плоскостями, отстоящими от оси крайних ниток трубопровода на 500 метров с каждой стороны.

12. Строительство береговых баз, в том числе складов горюче-смазочных материалов, станций технического обслуживания транспортных средств, кроме портов и причалов, должно осуществляться вне водоохранной зоны берега моря и Внутренних водоемов с использованием существующей инфраструктуры. Допускаются строительство объектов и выполнение работ в водоохранной зоне в случаях, предусмотренных законодательством Туркменистана.

13. Районы причалов и баз снабжения должны планироваться таким образом, чтобы операции по снабжению, техническому обслуживанию и заправке осуществлялись с соблюдением всех требований, обеспечивающих безопасность окружающей среды и здоровья населения.

14. По завершении функционирования объектов инфраструктуры и их демонтажа должна быть проведена рекультивация земель в соответствии с проектной документацией, согласованной с уполномоченным государственным органом в области охраны окружающей среды.

11. 在海上和内陆水域的油气管道沿线,应设立保护区域,范围为距离油气管道边缘轴线每侧各500m。

12. 除港口和码头外,包括油料库、交通工具技术维护站在内的海岸基地均应建在海上和内陆水域保护区之外,尽可能利用现有的基础设施。只有在土库曼斯坦法律规定的情况下,才可在水体保护区内建造设施并进行作业。

13. 码头和供给基地的设计,应确保供应、技术维护和加油作业符合环境安全和居民健康的要求。

14. 当基础设施不再使用并拆除后,必须按照国家环保授权机关审批的设计方案对土地进行恢复。

15. При ликвидации скважин, пробуренных с платформ любого типа, их конструкции должны быть полностью демонтированы и удалены, а головки герметизированных скважин срезаны на уровне дна во избежание помех рыболовству и судоходству.

Статья 45. Мониторинг окружающей среды

1. В целях принятия необходимых мер по предупреждению, устранению и снижению негативного воздействия на окружающую среду и обеспечения экологически безопасного проведения Нефтяных работ, в том числе в туркменском секторе Каспийского моря, Подрядчик обязан вести мониторинг окружающей среды.

Подрядчиком до начала и на весь период проведения Нефтяных работ должна быть создана система получения комплексной текущей информации об изменениях, происходящих в окружающей среде, и характере влияния на неё проводимых Нефтяных работ.

2. Оценка Подрядчиком воздействия на окружающую среду каждого этапа Нефтяных работ должна предусматривать проведение экологического и производственного мониторинга, включающего в себя:

15. 在各类钻井平台所钻井需要拆除时，井身结构应全部拆除并移走，井的密封头应当从底部切断以免妨碍渔业和航运。

第 45 条　环境监控

1. 为采取必要措施来预防、消除和降低对周围环境的不利影响，保证安全环保地从事石油作业，包括里海土库曼斯坦境内水域，承包商应对环境进行监控。

在石油作业开始前及在整个石油作业期间，承包商应建立综合实时信息采集系统，记录环境变化和石油作业对环境的影响。

2. 承包商在评价每一阶段石油作业对周围环境产生的影响时，应进行生态和生产监测，其中包括：

1) фоновые исследования состояния окружающей среды до начала каждого из этапов Нефтяных работ, включая геофизические исследования, разведочное бурение, добычу углеводородов, а также после ликвидации объекта;

2) мониторинг источников загрязнения;

3) мониторинг состояния окружающей среды;

4) мониторинг последствий аварийного загрязнения окружающей среды.

3. Осуществление Подрядчиком экологического и производственного мониторинга окружающей среды должно включать наблюдения за следующими параметрами:

1) уровнем загрязнения атмосферы, почвы, поверхностных вод, донных отложений по всем принятым показателям;

2) естественными циркуляционными процессами, гидрометеорологическими показателями (температурой воды, течениями, скоростью и направлением ветров, атмосферными осадками, атмосферным давлением, влажностью воздуха).

4. В случае необходимости и по требованию уполномоченного государственного органа в области охраны окружающей среды Подрядчик должен провести дополнительные исследования состояния окружающей среды.

1) 每个阶段石油作业开始前的环境状况背景研究,包括地球物理研究、勘探钻井、油气生产,以及设施报废后;

2) 对污染源的监测;

3) 对环境状况的监测;

4) 对环境污染事故后果的监测。

3. 承包商在监测环境和生产时,应当监测下列指标:

1) 大气、土壤、地表水、水底沉积物等各项污染水平指标;

2) 自然循环过程,水文气象数据(包括水温、流向、风速和风向、降水、气压、空气湿度)。

4. 在必要的情况下,根据国家授权环保机关的要求,承包商应当对环境状况进行补充研究。

5. Подрядчик определяет виды и методы наблюдения за состоянием окружающей среды в порядке, установленном уполномоченным государственным органом в области охраны окружающей среды.

6. При проведении производственного мониторинга Подрядчик должен учитывать результаты наблюдений предыдущих лет и использовать показания уже существующих станций, расположенных на площади работ (в пределах Договорной территории и в ее окружении), в целях продолжения ряда долгосрочных наблюдений.

7. Подрядчик обязан передать результаты экологического и производственного мониторинга в Концерн.

5. 承包商按照国家环保授权机关规定的程序确定环境监测的种类和方法。

6. 承包商在进行生产监测时,应当考虑以前的监测结果,并利用工作区(在合同区内及周围)现有观测站的显示数据,以实现长期连续监测。

7. 承包商应向康采恩提交生态及生产监测结果。

Глава IX. Финансовый и налоговый режим

Статья 46. Валютные операции

1. Правила проведения валютных операций Подрядчиком определяются законодательством Туркменистана о валютном регулировании с учетом положений настоящего Закона.

Порядок проведения валютных операций излагается в Договоре.

2. Выручка, полученная Подрядчиком от реализации причитающейся ему доли Углеводородных ресурсов, может зачисляться на счета в банках Туркменистана, а также на его счета в иностранных банках. При этом Подрядчик представляет выписки из этих счетов Концерну и Центральному банку Туркменистана для контроля в соответствии с законодательством Туркменистана о валютном регулировании.

3. Подрядчик вправе открывать и вести счета в банках на территории Туркменистана, а также производить по этим счетам расчеты в национальной и иностранной валютах за проведение Нефтяных работ.

第 9 章 财税制度

第 46 条 货币业务

1. 承包商从事货币业务的规则由土库曼斯坦货币管理法确定,同时应考虑本法的规定。

从事货币业务的程序在石油合同中约定。

2. 承包商销售其油气份额所得款项,既可以存入土库曼斯坦银行账户,也可存入外国银行账户。同时承包商应根据土库曼斯坦货币管理法将这两个账户的对账单提交给康采恩和土库曼斯坦中央银行进行监管。

3. 承包商有权在土库曼斯坦境内银行开立和维持账户,以及通过该账户以本币和外币进行石油作业结算。

4. Подрядчик вправе заключать договоры с Лицами Туркменистана, условиями платежа которых предусмотрена оплата в иностранной валюте.

5. Положения настоящей статьи применяются также в отношении Субподрядчика.

Статья 47. Таможенный режим и регистрация договора

1. Таможенный режим Нефтяных работ осуществляется в соответствии с законодательством Туркменистана с учётом положений настоящего Закона.

2. Товары, материалы и оборудование, предназначенные для проведения Нефтяных работ по Договору и ввозимые Подрядчиком в Туркменистан, а также вывозимая Подрядчиком из Туркменистана продукция, принадлежащая ему в соответствии с Договором, освобождаются от таможенных пошлин и сборов, установленных законодательством Туркменистана.

3. Договоры (контракты) на ввоз и вывоз товаров, материалов и оборудования, на выполнение работ (услуг), а также договоры купли-продажи товаров, материалов и оборудования, заключаемые в рамках осуществления Нефтяных работ, освобождаются от регистрации на Государственной товарно-сырьевой бирже Туркменистана.

4. 承包商有权与土库曼斯坦法人和自然人签订以外币付款的合同。

5. 本条规定也适用于分包商。

第 47 条 海关制度与合同登记

1. 石油作业海关制度依照土库曼斯坦法律办理，同时应考虑到本法的规定。

2. 承包商运入土库曼斯坦用于合同规定的石油作业的货物、材料和设备，以及承包商从土库曼斯坦运出的根据合同归其所有的产品，免缴土库曼斯坦法律规定的海关税费。

3. 在石油作业框架内所签订的货物、材料和设备进出口合同，作业（服务）合同，以及货物、材料和设备买卖合同，无须在土库曼斯坦国家商品原材料交易所登记。

4. Порядок таможенного оформления ввоза Подрядчиком в Туркменистан товаров, материалов и оборудования для производства Нефтяных работ, вывоза из Туркменистана указанных товаров, материалов и оборудования, а также объёмов Углеводородных ресурсов, причитающихся Подрядчику, определяется актами Президента Туркменистана или Кабинета Министров (Правительства) Туркменистана.

Актами Президента Туркменистана могут быть установлены ограничения или запрет в отношении ввоза, приобретения и использования взрывчатых материалов и веществ, радиоактивных и химических материалов, используемых Подрядчиком при осуществлении Нефтяных работ.

5. Подрядчик не освобождается от уплаты таможенных пошлин и других платежей при осуществлении деятельности, не относящейся к Нефтяным работам.

6. Положения настоящей статьи также, применяются в отношении Субподрядчика.

7. Положения настоящей статьи распространяются на деятельность Концерна и его предприятий (компаний), филиалов, представительств и иных подразделений на территории Туркменистана, если такая деятельность связана с осуществлением Нефтяных работ и реализацией их функций и полномочий в соответствии с настоящим Законом.

4. 承包商运入土库曼斯坦用于石油作业的货物、材料和设备,以及从土库曼斯坦运出上述货物、材料、设备和油气资源的海关手续,由土库曼斯坦总统法令或内阁(政府)法令来确定。

土库曼斯坦总统法令可针对承包商从事石油作业所用的爆炸物、放射物和化学品的运入、购买和使用做出限制或禁止性规定。

5. 承包商从事石油作业之外的其他活动,需要缴纳关税和其他费用。

6. 本条规定也适用于分包商。

7. 本条规定扩及到康采恩及其所属企业、分支机构、代表处和其他部门在土库曼斯坦境内的活动,只要该活动与石油作业及康采恩根据本法行使职权、履行职能相关。

Статья 48. Налоги и платежи

1. При проведении Нефтяных работ Подрядчик уплачивает только следующие налоги и платежи:

1) налог на прибыль (доход) юридических лиц, ставка которого устанавливается Налоговым кодексом Туркменистана и фиксируется в Договоре. При этом данная ставка налога остается неизменной в течение всего периода действия Договора даже в случае изменения этой ставки в Налоговом кодексе Туркменистана;

2) платежи за пользование недрами.

2. Платежи Подрядчика за пользование недрами могут включать:

1) роялти на Добычу Углеводородных ресурсов, устанавливаемые в процентном отношении от объема Добычи Углеводородных ресурсов или от стоимости произведенной продукции и уплачиваемые Подрядчиком в денежной форме или в виде части добытых Углеводородных ресурсов;

2) бонус, уплачиваемый в форме разовых платежей при подписании Договора, при коммерческом открытии Месторождения промышленного значения, при достижении определенного Договором уровня добычи Углеводородных ресурсов и в других случаях, предусмотренных Договором.

第48条 税收和付费

1. 承包商从事石油作业时只需缴纳下列税、费：

1) 法人利润（所得）税，其税率由土库曼斯坦税法典确定，并在石油合同中明确，同时，该税率在石油合同有效期内保持不变，即使土库曼斯坦税法典中该税率发生变化；

2) 地下资源使用费。

2. 承包商缴纳的地下资源使用费包括：

1) 油气生产矿费，以油气产量或者产品价值的百分比来确定，承包商以现金或油气实物形式缴纳。

2) 在签订石油合同、发现商业性油气田、达到石油合同规定的油气产量水平，以及石油合同所规定的其他情况下，一次性支付的签字费。

3）платежи за невыполнение обязательств, гарантийные и другие платежи.

Порядок исчисления и уплаты указанных платежей и их суммы определяются Договором или соглашениями между сторонами.

3. При проведении Нефтяных работ Подрядчик не является плательщиком всех других видов налогов, сборов, пошлин и иных обязательных платежей, установленных законодательством Туркменистана, если иное не установлено настоящим Законом.

4. Налогооблагаемая прибыль Подрядчика определяется в соответствии с международной практикой ведения учета и отчетности, принятой при проведении Нефтяных работ, положениями Договора и требованиями настоящей статьи.

Если в Договоре установлены иные положения, чем положения, установленные настоящей статьёй, то применяются положения настоящей статьи.

Если в Договоре установлены иные положения, чем международной практикой ведения учета и отчетности, принятой при проведении Нефтяных работ, то применяются положения Договора.

Положения, не отражённые в Договоре, принимаются в соответствии с международной практикой ведения учета и отчетности, принятой при проведении Нефтяных работ.

3）违约金、保证金和其他应付款项。

上述费用的计算和支付方式及其金额，在石油合同中约定或双方协商决定。

3. 在从事石油作业时，承包商无须缴纳土库曼斯坦法律所规定的其他任何税费、关税和强制性付费，本法另有规定的除外。

4. 承包商的应税利润根据石油作业会计核算国际惯例、石油合同和本条规定来确定。

石油合同与本条规定不一致的，适用本条规定。

石油合同与石油作业会计核算国际惯例规定不一致的，适用石油合同规定。

石油合同未作规定的，适用石油作业会计核算国际惯例规定。

Процедуры, связанные с применением международного договора (соглашения) Туркменистана об устранении двойного налогообложения, определяются законодательством Туркменистана.

5. При проведении Нефтяных работ Субподрядчик - юридическое лицо признается плательщиком только налога на прибыль (доход) юридических лиц и к нему применяются положения части третьей настоящей статьи.

6. Порядок определения налогооблагаемой прибыли Субподрядчика, полученной от деятельности в соответствии с настоящим Законом, устанавливается Налоговым кодексом Туркменистана с учетом особенностей, указанных в настоящей статье.

Налогообложение Лица, являющегося Субподрядчиком по его иной деятельности, осуществляется в соответствии с Налоговым кодексом Туркменистана в общеустановленном порядке.

7. При определении налогооблагаемой прибыли (дохода) учитываются следующие особенности:

1) в валовой доход Подрядчика, принимаемый для исчисления прибыли, облагаемой налогом в порядке, установленном настоящим Законом, включаются все доходы, определенные по Договору. Иные доходы Подрядчика включаются в валовой доход, принимаемый для обложения налогом, в порядке, установленном Налоговым кодексом Туркменистана;

与适用土库曼斯坦所签订的避免双重征税协定相关的程序,由土库曼斯坦法律确定。

5. 在从事石油作业时,法人分包商仅缴纳法人利润(所得)税,且适用于本条第3款的规定。

6. 分包商依本法从事活动所取得的应税利润,由土库曼斯坦税法典确定,同时应考虑到本条的特殊规定。

对于具有分包商地位的人所从事的其他活动,根据土库曼斯坦税法典按一般程序征税。

7. 在确定应税利润时应考虑到下列特点:

1)合同所确定的各项收入均应纳入承包商的总收入,用于计算本法规定的应纳税利润。根据土库曼斯坦税法典规定的程序,承包商的其他收入计入应纳税总收入。

2) для определения дохода от реализации товаров, выполнения работ и оказания услуг в качестве реальной рыночной цены могут приниматься цены (тарифы), фактически применённые Подрядчиком и Субподрядчиком. Указанное не может рассматриваться как право Подрядчика и Субподрядчика принимать в вычеты расходы на приобретение товаров, работ и услуг, цены и тарифы по которым имеют значительное (более 10 процентов) завышение от реальных рыночных цен, и исключение права налоговых органов производить в этих случаях корректировку налогооблагаемой прибыли Подрядчика и Субподрядчика;

В таком случае установление рыночных цен осуществляется методом анализа внешних рыночных цен, с учётом условий Договора.

3) налогообложение доходов от реализации имущества, принадлежащего Подрядчику или Субподрядчику на праве собственности, в период завершения его деятельности на территории Туркменистана осуществляется с учетом положений настоящего Закона. Такой же порядок применяется в период деятельности этих Лиц в отношении реализации принадлежащих им на праве собственности и пришедших в негодность или устаревших машин, оборудования и иного имущества. К такой деятельности (операции) применяются положения частей 3-5 настоящей статьи;

2) 为确定因销售商品、从事作业和提供服务而取得的收入，承包商和分包商应以实际价格（费率）作为市场实际价格。上述规定并不意味着，当所购入商品、作业和服务的价格（费率）明显高于市场实际价格（高于10%）时，承包商和分包商有权扣除购买费用。在此情况下，税务机关有权调整承包商和分包商的应税利润。

在这种情况下，市场价格将根据外部市场价格分析及参考合同条款来决定。

3) 在土库曼斯坦境内结束经营活动期间，承包商或分包商销售其所有的财产，对其所取得的收入征税时，应参考本法的规定。该程序也适用于承包商或分包商从事活动期间出售其所有的不能使用的及陈旧的机器、设备和其他财产。此类活动（业务）应适用本条第3~5款的规定。

4）переход права собственности на имущество Подрядчика к Концерну после отнесения его стоимости на возмещаемые затраты Подрядчика, а также в иных случаях, установленных Договором, не рассматривается как реализация такого имущества Подрядчиком. Не рассматривается в качестве дохода безвозмездное использование такого имущества Подрядчиком после перехода права собственности от него к Концерну;

5）в случаях, установленных Договором, соответствующая часть общих административных расходов Подрядчика на общую административную поддержку, предоставляемую Родственными компаниями Подрядчика за пределами Туркменистана, может приниматься в качестве вычетов по фиксированной величине, исчисленной исходя из процентов установленных таким Договором;

6）доходы от передачи (переуступки) всех или части прав и обязательств Подрядчика по Договору новому Подрядчику учитываются в качестве дохода, подлежащего налогообложению. Стоимость приобретенных новым Подрядчиком всех или части прав по Договору в целях налогообложения рассматривается в качестве его затрат и учитывается в вычетах через амортизационные отчисления в течение 4 лет. Указанные доходы и расходы не учитываются при определении возмещаемых затрат;

4）在承包商回收财产费用之后，以及在合同规定的其他情况下，承包商将财产所有权转移至康采恩，不能视为承包商销售财产。在财产所有权自承包商转移至康采恩后，如果承包商无偿使用该财产，也不能视为收入。

5）在合同有规定的情况下，承包商所发生的用于其关联公司在土库曼斯坦境外提供公共行政支持的相应公共行政费用，可按基于合同规定百分比所计算的固定数额予以扣除。

6）因承包商将全部或部分合同权利和义务转让至新承包商而取得的收入，为应税收入。为征税目的，新承包商受让全部或部分合同权利和义务的花费，作为新承包商费用，准予以摊销方式在4年内扣除。在确定可回收费用时，不得核算上述收入和费用。

7) амортизационные отчисления Субподрядчика исчисляются по нормам, определяемым им исходя из обоснованного полезного срока использования имущества в соответствии с международной практикой ведения учета и отчетности, принятой при проведении Нефтяных работ. Амортизационные отчисления по нематериальным активам Подрядчиком учитываются в качестве вычетов только при соблюдении условий, установленных законодательством Туркменистана, и подтверждении их фактического использования для извлечения дохода. Из состава амортизируемого имущества исключается имущество, полученное безвозмездно;

8) в расходах учитываются пособия по временной нетрудоспособности и другие социальные пособия или выплаты, установленные законодательством Туркменистана и (или) Договором и выплачиваемые работникам за счет Подрядчика, даже если такие расходы не являются возмещаемыми затратами;

9) налоговые льготы для Лиц, являющихся Подрядчиками и Субподрядчиками, применяются только в соответствии с положениями Налогового кодекса Туркменистана;

7）分包商的摊销/折旧费用，以根据石油作业会计核算国际惯例基于有据可查的财产有效使用期限所确定的标准来计算。无形资产摊销费用，只有在符合土库曼斯坦法律规定的条件并证明已实际带来收益的情况下，才可以扣除。无偿取得的财产，不得计提折旧。

8）根据土库曼斯坦法律和（或）合同，由承包商支付给工作人员的临时丧失劳动能力补贴、其他社会补贴或款项应计入费用，即使这些费用不能被列入可回收费用当中。

9）承包商和分包商的税收优惠，仅依照土库曼斯坦税法典来适用。

10) перенос убытков для Подрядчика устанавливается Договором, но на срок не более 10 лет с момента начала коммерческой добычи Углеводородных ресурсов. Все затраты Подрядчика, произведенные до начала коммерческой добычи Углеводородных ресурсов, учитываются в вычетах после начала такой добычи через амортизационные отчисления по нормам, установленным Договором.

8. Субподрядчик – физическое лицо уплачивает налог на доходы физических лиц, исчисляемый в соответствии с Налоговым кодексом Туркменистана в общеустановленном порядке.

9. Налогообложение Субподрядчиков, являющихся иностранными юридическими лицами, чья деятельность не приводит к образованию постоянного представительства на территории Туркменистана, производится с выплачиваемых доходов без предоставления вычетов поставкам и в порядке, установленном Налоговым кодексом Туркменистана. Сумма такого налога не может увеличивать стоимость выполняемых работ и оказываемых услуг.

10. Налогообложение Лица до получения им статуса Подрядчика осуществляется в порядке, установленном Налоговым кодексом Туркменистана.

10）承包商亏损结转由合同确定，但结转期限自商业性生产开始之日起不得超过10年。承包商在商业性生产开始前发生的所有费用，在商业性生产开始之后按照合同规定的比例以摊销方式扣除。

8. 自然人分包商根据土库曼斯坦税法典按照一般程序缴纳个人所得税。

9. 外国法人分包商的活动未构成土库曼斯坦境内常设机构的，按照土库曼斯坦税法典规定的税率和程序自其取得的收入中征收，不得有任何扣除项。该税额不得导致作业和服务价格提高。

10. 自然人或法人在取得承包商地位之前，按照土库曼斯坦税法典规定程序征税。

11. Налогообложение Лица, имевшего статус Субподрядчика в период, когда им не осуществляется деятельность по исполнению отдельных видов Нефтяных работ по его договору с Подрядчиком или другим Субподрядчиком в рамках Договора, производится в порядке, установленном Налоговым кодексом Туркменистана.

12. Если Подрядчик является стороной двух и более Договоров, то он должен вести раздельный учет доходов и вычетов, а также налогооблагаемой прибыли, полученной по каждому Договору в отдельности.

13. Если Подрядчик осуществляет иную, чем Нефтяные работы, деятельность, то он должен вести учет доходов и расходов (вычетов), а также налогооблагаемой прибыли, относящихся к Нефтяным работам, – по каждому Договору, а также по иной деятельности раздельно. При невозможности ведения раздельного учета отдельных видов расходов (вычетов) они распределяются пропорционально доле соответствующего дохода в суммарном объёме всех доходов такого Лица.

Указанное положение относится и к Субподрядчику при осуществлении им деятельности, не относящейся к Нефтяным работам.

11. 对于曾具有分包商地位的自然人和法人，在其未在合同框架下根据其与承包商或其他分包商所签订的合同从事某类石油作业的阶段，按照土库曼斯坦税法典规定程序征税。

12. 如果一承包商为两个或两个以上合同主体的，则应当将收入、扣除项目，以及应税利润按每个合同单独核算。

13. 如果承包商从事石油作业之外其他活动，则应当按每一合同对与石油作业相关的收入、费用（扣除项目）应税利润单独核算，对于其他活动也应当单独核算。当无法单独核算某些费用（扣除项目）时，应当按相应收入占承包商总收入的比例来分摊费用。

上述规定也适用于分包商从事石油作业之外其他活动的情形。

14. Для Подрядчиков и Субподрядчиков отчетным и налоговым периодом является налоговый год. Сроки представления налоговой декларации и уплата налога для них могут устанавливаться положениями Договора. В тех случаях, когда Субподрядчик выполняет Нефтяные работы для нескольких Подрядчиков (Субподрядчиков), у которых в соответствии с Договором установлены различные сроки, применяются наиболее поздние сроки.

Уплата авансовых платежей налога такими Лицами не производится.

В случаях когда Договором не установлены сроки представления налоговой декларации и уплаты налога, применяются сроки, установленные Налоговым кодексом Туркменистана.

15. Подрядчик и Субподрядчик могут осуществлять уплату налога на прибыль (доход), в том числе через налоговых агентов в свободно конвертируемой валюте.

16. В случаях когда Лицо является Подрядчиком по различным Договорам или является Подрядчиком, или Субподрядчиком и осуществляет при этом иную деятельность, составление налоговых деклараций производится соответственно по каждому Договору и иной деятельности отдельно.

14. 对于承包商和分包商，报告期和纳税期为一个税务年度。提交纳税申报表和缴纳税款的期限可在合同中规定。一分包商为多个承包商（分包商）从事石油作业且合同规定不同期限的，以最晚发生的期限为准。

承包商和分包商无须预缴税款。

合同未规定纳税申报和缴纳税款期限的，则适用土库曼斯坦税法典规定的期限。

15. 承包商和分包商可以以自由兑换货币缴纳（包括通过税务代理机构）利润（所得）税。

16. 在某一人为多个石油合同的承包商，或者该人作为承包商或分包商同时从事其他活动的情况下，应当按每个合同和其他活动分别编制纳税申报表。

17. В целях применения положений настоящей статьи статус Субподрядчика подтверждается Подрядчиком в порядке, устанавливаемом Концерном и Министерством финансов и экономики Туркменистана.

18. В случае если после заключения Договора вводятся новые налоги и платежи, Подрядчик уплачивает только те из них, которые устанавливаются вместо уплачиваемых им налогов и платежей. При этом общая сумма таких обязательных платежей не должна превышать суммы налогов и платежей, установленных для Подрядчика на момент вступления в силу Договора;

19. Подрядчик и (или) Субподрядчик освобождаются от уплаты налогов, сборов, пошлин и иных обязательных платежей, установленных законодательством Туркменистана, в случае безвозмездной передачи товаров (выполнения работ и оказания услуг) юридическому лицу Туркменистана с письменного согласия Концерна в качестве гуманитарной, благотворительной или иной помощи, даже если такая безвозмездная передача товаров (выполнение работ и оказание услуг) не предусмотрена условиями Договора.

17. 为适用本条规定,分包商地位应由承包商按照康采恩和土库曼斯坦国家税务总局规定的程序进行确认。

18. 在石油合同签订后设立新的税种和收费项目,承包商只需缴纳其中替代承包商所缴税种和收费项目的部分。同时,上述强制性费用总额不应高于合同生效当时承包商所适用税费的总额。

19. 经康采恩书面同意,由承包商和(或)分包商向土库曼斯坦法人无偿转让商品(从事作业、提供服务)作为人文、慈善或其他帮助的,承包商和(或)分包商免缴土库曼斯坦法律规定的税、费、关税和其他强制性收费,即使该无偿转让商品(从事作业、提供服务)未在石油合同中约定。

20. Подрядчик и Субподрядчик не освобождаются от уплаты штрафов, финансовых санкций и пени, установленных законодательством Туркменистана.

21. Исчисление и уплата налога на доходы физических лиц, целевого сбора на обустройство территории городов, посёлков и сельских населенных пунктов с физических лиц, работающих по найму у Подрядчика или Субподрядчика, производится в соответствии с Налоговым кодексом Туркменистана в общеустановленном порядке.

Статья 49. Бухгалтерский учет и ревизия

1. При проведении Нефтяных работ Подрядчик ведёт бухгалтерский учет и составляет финансовую отчетность в соответствии с международной практикой ведения учета и отчетности, принятой при проведении Нефтяных работ, и положениями Договора. При этом в качестве денежной единицы бухгалтерского учета используется свободно конвертируемая валюта.

Если Подрядчик осуществляет иную, чем Нефтяные работы, деятельность, то он должен вести бухгалтерский учет и составлять финансовую отчетность в соответствии с законодательством Туркменистана.

20. 承包商和分包商不能免缴土库曼斯坦法律所规定的罚款、罚金和滞纳金。

21. 受雇于承包商或者分包商的自然人的个人所得税、城镇乡村建设专项税的计征，根据土库曼斯坦税法典的一般程序办理。

第 49 条　会计核算和审查

1. 在从事石油作业时，承包商依照石油作业会计核算国际惯例和石油合同进行会计核算并编制财务报表。同时，以自由兑换货币作为会计核算货币。

承包商从事石油作业之外其他活动的，应当依照土库曼斯坦法律进行会计核算并编制财务报表。

2. Порядок составления и представления Подрядчиком финансовой и статистической отчётности Концерну и другим уполномоченным государственным органам устанавливается Концерном по согласованию с такими органами.

Финансовая отчётность в соответствии со Стандартами бухгалтерского учета Туркменистана не составляется.

3. Финансовая отчётность, представляемая государственным органам Туркменистана, составляется по итогам за год. Для этой отчётности используются формы финансовой отчётности, составляемой в соответствии с требованиями части второй настоящей статьи путем пересчёта показателей этой отчётности в национальную валюту Туркменистана по официальному курсу Центрального банка Туркменистана на последнее число отчётного периода.

4. Проверки финансово-хозяйственной деятельности Подрядчика проводятся Концерном либо другим государственным органом, специально уполномоченным Кабинетом Министров Туркменистана. Указанные органы вправе обращаться к услугам независимых аудиторских служб, в том числе международных экспертов.

2. 承包商编制并向康采恩和其他主管机关提交财务报表和统计报表的程序，由康采恩与上述机关协商确定。无须按照土库曼斯坦会计准则编制财务报表。

3. 向土库曼斯坦国家机关所提交的财务报表，按年编制。该财务报表采用本条第2款要求的格式，财务报表数据按报告期最后一日土库曼斯坦中央银行官方汇率折算成土库曼斯坦国家货币。

4. 康采恩或土库曼斯坦内阁专门授权的其他机关对承包商的财务经营活动进行审查。上述机关有权聘请独立审计机构（包括国际专家）提供服务。

5. Проверка соблюдения налогового законодательства Туркменистана осуществляется налоговыми органами Туркменистана в порядке, установленном Налоговым кодексом Туркменистана, с учётом положений настоящего Закона, путём предварительного письменного уведомления Концерна за 20 дней до начала такой проверки.

6. Положения настоящей статьи применяются также и в отношении Субподрядчиков, за исключением положений, касающихся применения Договора.

Статья 50. Невозмещаемые затраты при проведении Нефтяных работ

При проведении Нефтяных работ подрядчику не возмещаются следующие виды затрат:

1) налог на прибыль (доход) Подрядчика;

2) роялти на добычу Углеводородных ресурсов;

3) бонусы, уплачиваемые в форме разовых платежей при подписании Договора, при коммерческом открытии Месторождения промышленного значения, при достижении определенного Договором уровня добычи Углеводородных ресурсов, и другие их виды, предусмотренные Договором;

5. 土库曼斯坦税务机关依照土库曼斯坦税法典规定的程序及本法有关规定对遵守土库曼斯坦税法的情况进行审查，审查开始前20天内应以书面形式预先通知康采恩。

6. 本条规定也适用于分包商，但涉及适用石油合同的条款除外。

第 50 条 石油作业不可回收费用

在从事石油作业时，承包商不得回收下列费用：

1）承包商的利润（所得）税；

2）油气生产矿费；

3）在签订石油合同、发现商业性油气田、达到合同规定油气产量，以及石油合同所规定的其他情况一次性支付的签字费；

3¹) платежи за невыполнение обязательств, установленных Договором, и соглашений между сторонами, гарантийные и другие платежи;

4) расходы, в том числе налоги, связанные с передачей прав Подрядчика;

5) штрафы, пени, неустойки и иные виды финансовых и административных санкций, применяемых к Подрядчику за нарушение законодательства Туркменистана;

6) убытки и вред, причинённые юридическим и физическим лицам, работникам Подрядчика, которые в соответствии с законодательством Туркменистана Подрядчик обязан возместить;

7) убытки и вред, причинённые иностранным юридическим и физическим лицам, работникам Подрядчика, которые в соответствии с решениями судов иностранных государств и международных арбитражных судов Подрядчик обязан возместить;

8) затраты, которые были осуществлены подрядчиком без согласия Концерна;

9) затраты, не связанные с проведением Нефтяных работ;

10) иные невозмещаемые затраты, предусмотренные условиями Договора.

3¹) 未履行合同和双方协议规定的义务工作量的付款、保证金和其他付款；

4) 与承包商权利转让相关的费用, 包括税费;

5) 承包商因违反土库曼斯坦法律所缴纳的罚款、滞纳金、违约金, 以及其他财政和行政处罚;

6) 承包商根据土库曼斯坦法律应当向法人、自然人、员工造成的损害损失的赔偿款;

7) 根据外国法院判决和国际仲裁庭裁决, 承包商向外国法人、外国自然人、承包商雇员造成的损害损失的赔偿款;

8) 承包商未经康采恩同意所发生的费用;

9) 与石油作业无关的费用;

10) 石油合同所规定的其他不可回收费用。

Статья 51. Источники дохода и налогообложение Концерна

1. Источниками дохода Концерна по Договору являются следующие:

1) роялти на добычу Углеводородных ресурсов, устанавливаемые в процентном отношении от объёма добычи Углеводородных ресурсов или от стоимости произведённой продукции и уплачиваемые Подрядчиком в денежной форме или в виде части Углеводородных ресурсов, добытых Подрядчиком при выполнении Нефтяных работ в соответствии с Договорами, указанными в части первой статьи 21 настоящего Закона;

2) бонусы, уплачиваемые в форме разовых платежей при подписании Договора, при коммерческом открытии Месторождения промышленного значения, при достижении определённого Договором уровня добычи Углеводородных ресурсов и в других случаях, предусмотренных Договором;

3) доход, получаемый Концерном в рамках Договора (соглашения) о разделе продукции в результате раздела продукции;

3^1) платежи за невыполнение обязательств, установленных Договором, и соглашений между сторонами, гарантийные и другие платежи;

第 51 条 康采恩收入来源及征税

1. 康采恩石油合同收入的来源如下：

1）油气生产矿费，以油气产量或产品价格百分比形式确定，由承包商以货币形式或者以根据本法第 21 条第 1 款所述石油合同从事石油作业时所生产的油气实物支付；

2）签字费，在签订石油合同、发现商业性油气田、达到石油合同规定油气产量，以及在石油合同规定的其他情况下所一次性支付的费用；

3）康采恩在产品分成合同（协议）项下取得的产品分成收入；

3^1）未完成合同和双方协商规定的义务工作量的付款、保证金和其他付款；

4) доходы, получаемые Концерном в рамках иных видов Договоров при проведении Подрядчиком Нефтяных работ;

5) иные доходы, получаемые Концерном по другим договорам, заключаемым в соответствии с настоящим Законом, а также в результате его деятельности, в том числе по управлению своим движимым и (или) недвижимым имуществом, включая активы и финансовые средства.

2. Часть доходов, поступающих в национальной валюте, которые указаны в пунктах 1, 2 и 5 части первой настоящей статьи, отчисляется в Государственный бюджет Туркменистана, а часть доходов, поступающих в иностранной валюте, – в валютный резерв Туркменистана.

При получении дохода (роялти), указанного в пункте 1 части первой настоящей статьи, в виде части Углеводородных ресурсов их стоимость при экспорте устанавливается в иностранной валюте, а при реализации на внутреннем рынке – в национальной валюте. При реализации продукции, полученной в виде части Углеводородных ресурсов (роялти), отчисления производятся после исключения из её общей стоимости расходов, связанных с естественной убылью, хранением, подготовкой, транспортировкой и маркетингом. При безвозмездной реализации на внутреннем рынке продукции, полученной в виде части Углеводородных ресурсов (роялти), отчисления не производятся.

4) 康采恩在承包人从事石油作业时根据其他石油合同获得的收入；

5) 康采恩在依照本法所签订的其他合同项下取得的其他收入，以及经营活动收入，包括管理自有动产和(或)不动产(包括资产和资金)。

2. 本条第 1 款第 1 项，第 2 项，第 5 项所述的本币收入上缴至土库曼斯坦国家预算，而外币收入纳入土库曼斯坦外汇储备。

本条第 1 款第 1 项规定所获收入(矿产使用费)作为油气资源部分，其价格在出口时用外币结算，在内部市场销售用本币结算。作为油气资源部分所得产品销售时，要从总价格中扣除与自然损耗、保存、预处理、运输和包装有关的费用后再进行提成。在内部市场无偿销售油气资源产品时，则不收取任何提成。

3. Концерн отчисляет в Государственный бюджет Туркменистана 20 процентов от суммы доходов, указанных в пунктах 3-4 части первой настоящей статьи.

Исчисление суммы указанных отчислений в Государственный бюджет Туркменистана от доходов, указанных в пунктах 3-4 части первой настоящей статьи, получаемых Концерном в виде части добытых Углеводородных ресурсов, производится от суммы выручки, полученной (оплаченной покупателем или Подрядчиком) от последующей реализации этих Углеводородных ресурсов.

Доходы Концерна, которые указаны в пункте 3 части первой настоящей статьи, оставшиеся после уплаты отчислений, указанных в абзаце первом этой части, не подлежат налогообложению и не являются объектом обложения для исчисления иных обязательных платежей (сборов и отчислений), не включаются в его валовый доход при определении налогооблагаемой прибыли Концерна, остаются в распоряжении Концерна и используются им самостоятельно в соответствии с его решениями.

Часть доходов, поступающих в иностранной валюте, которые указаны в пункте 3 части первой настоящей статьи, оставшихся после уплаты отчислений, указанных в абзаце первом этой части, распределяется в соответствии с иными нормативными правовыми актами Туркменистана.

3. 康采恩将本条第1款第3项和第4项所述收入的20%上缴至土库曼斯坦国家预算。

本条第1款第3项和第4项所述康采恩以油气实物形式所获收入中需上缴至国家预算的份额，应根据后期销售这些油气实物所获得的（购买者支付或者承包商支付）收入总额进行核算。

本条第1款第3项指出的康采恩的收入，在根据本款第一段规定应支付款项支付后所剩的余额，不应征税，也不属于其他强制费用（收款和扣款）征收对象，在确定康采恩应税利润时不计入其收入总额，归康采恩自行支配使用。

本条第1款第3项规定的外币收入部分，根据本款第一段规定的应支付款项支付后所剩的余额，依据土库曼斯坦其他规范性法律文件进行分配。

Часть доходов, поступающих в национальной валюте, которые указаны в пункте 4 части первой настоящей статьи, оставшаяся после уплаты отчислений, указанных в абзаце первом этой части, отчисляется в Государственный бюджет Туркменистана, а часть доходов, поступающих в иностранной валюте, – в валютный резерв Туркменистана.

Имущество, право собственности на которое в соответствии со статьёй 54 настоящего Закона переходит от Подрядчика к Концерну и (или) подведомственному ему предприятию, а также к другим предприятиям в порядке, определённом законодательством Туркменистана, не рассматривается в качестве дохода Концерна, с которого производятся отчисления в Государственный бюджет Туркменистана, предусмотренные настоящей частью. Стоимость такого имущества не рассматривается как доход и имущество Концерна и подведомственного предприятия и других предприятий для целей исчисления налога на прибыль (доход) и имущество юридических лиц. При реализации такого имущества применяются положения части четвёртой настоящей статьи Закона.

3^1. Порядок исчисления и уплаты в Государственный бюджет Туркменистана отчислений от доходов, указанных в части первой настоящей статьи, определяется Министерством финансов и экономики Туркменистана и Концерном.

本条第1款第4项以本币结算的收入部分，根据本款第一段规定的应支付款项支付后所剩的余额需上缴至土库曼斯坦国家预算，而外币收入部分纳入土库曼斯坦外汇储备。

按照本法第54条和土库曼斯坦法律规定程序，其所有权由承包商转移至康采恩和（或）其下属企业及其他企业的财产，不纳入本条所规定康采恩应上缴至土库曼斯坦国家预算款项的收入，也不应纳入康采恩、下属企业和其他企业所得税和财产税的应税收入。在销售该类资产时，适用本法本条第4款的规定。

3^1. 本条第1款所规定应向土库曼斯坦国家预算支付款项的计算程序和支付金额，由土库曼斯坦财政部、经济部和康采恩决定。

4. На Концерн распространяется порядок налогообложения, установленный статьёй 48 настоящего Закона в отношении Подрядчика.

Не рассматривается в качестве дохода безвозмездное предоставление Подрядчику права использования имущества после перехода собственности от него к Концерну и (или) подведомственному ему предприятию, а также к другим предприятиям. При реализации такого имущества в качестве вычетов учитывается его балансовая стоимость, определяемая в соответствии с нормами, установленными законодательством Туркменистана.

5. Концерн ведёт отдельную финансово-экономическую отчётность по доходам, указанным в настоящей статье.

4. 本法第48条有关承包商征税程序适用于康采恩。

财产所有权自承包商转移至康采恩和（或）下属企业及其他企业后，赋予承包商无偿使用该财产的权利时，不被视为收入。在销售该类财产时，按照土库曼斯坦法律规定确定的账面价值，准予作为扣除项目进行核算。

5. 康采恩就本条所述收入实行独立财务核算。

Глава X. Правовые условия

第10章 法律条款

Статья 52. Стабильные условия Договора

第52条 石油合同稳定条款

В случае изменения законодательства Туркменистана, действовавшего на момент заключения Договора, в том числе вызванного изменениями международных договоров, участником которых является Туркменистан, существенно влияющего на коммерческие условия Договора и интересы Сторон договора, Концерн и Подрядчик вносят изменения в содержание Договора в целях обеспечения баланса интересов Сторон договора и экономических результатов, ожидавшихся ими по условиям Договора на момент его заключения исходя из принципов добросовестного партнерства.

Указанное положение об изменении условий Договора не применяется в случае, если законодательством Туркменистана вносятся изменения в нормы, правила, стандарты трудового законодательства, по охране окружающей среды и здоровья населения, охране недр, безопасному ведению работ, в том числе в целях приведения их в соответствие с аналогичными нормами, правилами и стандартами международной практики.

如果签署石油合同时适用的土库曼斯坦法律发生变更，其中包括土库曼斯坦作为缔约国的国际条约发生变化，而使土库曼斯坦的法律发生相应变更，对石油合同的商务条款和双方利益产生重大影响时，康采恩和承包商出于精诚合作的原则，对石油合同条款作出修改，以确保石油合同双方利益平衡，达到合同所预期的经济效益。

对于以立法形式对土库曼斯坦劳动法中有关保护自然环境和居民健康、地下资源和安全生产的规范、规定和标准作出修改的情况，包括为使之与类似国际规范、规定、标准相统一而作出修改的情形，不适用上述有关石油合同修改的规定。

Статья 53. Передача прав и обязательств Подрядчика

1. Подрядчик только с предварительного письменного разрешения Концерна может передавать или закладывать все или часть своих прав и обязательств по Лицензии и Договору.

2. В случае изменения управления и контроля над Подрядчиком, Подрядчик обязан заблаговременно уведомить об этом Концерн. В этом случае Концерн имеет право в одностороннем порядке аннулировать Лицензию и расторгнуть Договор.

3. Передача прав и обязательств по Договору совершается в письменной форме посредством составления специального акта, являющегося неотъемлемой частью Договора, в порядке, определяемом Договором.

4. До тех пор, пока Подрядчик сохраняет какое-либо участие в Лицензии и Договоре, он и Лицо, которому передаются права и обязательства, несут совместную ответственность по Договору.

5. Расходы, связанные с передачей прав и обязательств, возлагаются на Подрядчика.

6. Концерн имеет приоритетное право на покупку доли участия Подрядчика в Договоре.

第 53 条 承包商权利和义务的转让

1. 只有在事先取得康采恩书面许可后,承包商才可转让或抵押其许可证和石油合同中的全部或部分权利和义务。

2. 当承包商的管理和控制权发生变化时,承包商应提前通知康采恩。在此情况下,康采恩有权单方面吊销许可证并终止石油合同。

3. 石油合同权利和义务转让,应当按照石油合同规定的程序签订专门的书面协议,并作为石油合同不可分割的一部分。

4. 只要承包商保留有任何对许可证和石油合同的参与,则其和受让人就石油合同承担连带责任。

5. 权利和义务转让所发生的费用,由承包商承担。

6. 康采恩享有优先购买承包商石油合同参与份额的权利。

7. На любом этапе действия Договора Концерн или Лицо, рекомендованное им в качестве Подрядчика, в соответствии со статьей 12 настоящего Закона и условиями Договора вправе приобрести не менее 15 процентов доли участия в Договоре.

Статья 54. Право собственности на имущество и информацию о недрах

1. Имущество, приобретённое или вновь созданное Подрядчиком и используемое им для выполнения Нефтяных работ по Договору, является его собственностью.

Право собственности на указанное имущество переходит от Подрядчика к Концерну со дня, когда стоимость указанного имущества полностью возмещена, или в ином порядке, установленном Договором.

При этом в течение срока действия Договора Подрядчику предоставляется право на пользование таким имуществом на безвозмездной основе для проведения Нефтяных работ, и Подрядчик несёт ответственность за надлежащее его содержание и риск случайной гибели или случайного повреждения.

7. 在石油合同有效期内任意阶段,康采恩或者由康采恩推荐作为承包商的人,有权根据本法第 12 条及石油合同条款购买不少于 15% 的石油合同参与份额。

第 54 条 财产和地下资源信息的所有权

1. 承包商所购入或新建的,并用于根据石油合同从事石油作业的财产,所有权归承包商。

上述财产的价值完全收回之日起,或者按照石油合同规定的其他程序,该所有权由承包商转移至康采恩。

同时,在石油合同有效期内,承包商有权无偿使用该类财产从事石油作业,承包商负责对该类财产进行正常维护,并承担其意外损毁或灭失的风险。

Состав, особенности учёта и оценки такого имущества определяются у Подрядчика в соответствии с международной практикой ведения учёта и отчётности, принятой при проведении Нефтяных работ, и положениями Договора, у Концерна – в порядке, устанавливаемом Концерном по согласованию с Министерством финансов и экономики Туркменистана.

2. Геологическая, геофизическая, геохимическая, экологическая и иная информация, результаты её интерпретации и производные данные, сведения о запасах нефти и газа, а также образцы горных пород и руд, в том числе керн, пластовые жидкости, полученные Подрядчиком в процессе выполнения Нефтяных работ по Договору, являются собственностью Кабинета Министров (Правительства) Туркменистана.

В эту информацию не входят сведения об имущественных правах и коммерческой тайне Подрядчика.

3. Подрядчик при соблюдении условий конфиденциальности, предусмотренных статьёй 62 настоящего Закона и Договором, имеет право безвозмездно пользоваться информацией, данными и образцами, указанными в части второй настоящей статьи, в целях выполнения Нефтяных работ по Договору.

该类财产的构成、盘点和估价，对于承包商，按照石油作业会计核算国际惯例及石油合同条款予以确定，对于康采恩，按照康采恩与土库曼斯坦财政部商定的程序予以确定。

2. 承包商根据石油合同从事石油作业过程中所获得的地质、地球物理、地球化学、生态和其他信息、上述信息的处理解释结果和衍生资料、油气储量资料，以及岩样（包括岩心）和地层流体的所有权均属于土库曼斯坦内阁（政府）。

上述信息不包括承包商的财产权和商业秘密。

3. 根据石油合同从事石油作业时，在遵守本法第62条及石油合同有关保密条款的条件下，承包商有权无偿使用本条第2款所述的信息、资料和样品。

4. Порядок вывоза Подрядчиком или его Субподрядчиком информации, данных и образцов, принадлежащих Кабинету Министров (Правительству) Туркменистана, за пределы Туркменистана в ходе выполнения Нефтяных работ определяется законодательством Туркменистана и излагается в Договоре.

Статья 55. Страхование

1. Подрядчик при проведении Нефтяных работ обязан применять и поддерживать следующие виды страхования:

1) страхование в соответствии с пакетом «все риски», охватывающее установки, оборудование, строения и другое имущество Подрядчика, используемое или предназначенное для использования в процессе проведения Нефтяных работ;

2) страхование, охватывающее возможные потери Углеводородных ресурсов и их попутных продуктов до момента и пункта передачи их Подрядчиком Концерну (в части принадлежащей Концерну доли продукции) или другим субъектам;

3) страхование, охватывающее расходы, связанные с превентивными мерами, ликвидацией последствий ущерба, причинённого окружающей среде, включая загрязнение воздуха, воды, почвы, подпочвы и недр на Договорной территории, а также за её пределами;

4. 在从事石油作业过程中，承包商及其分包商将属于土库曼斯坦内阁（政府）的信息、资料和样品运至土库曼斯坦境外的程序，由土库曼斯坦法律确定，并在石油合同中说明。

第55条 保 险

1. 承包商在开展石油作业过程中必须投保下列险种：

1) 全险，该险种承保范围包括承包商用于或拟用于石油作业的装置、设备、建筑和其他财产；

2) 对承包商将油气资源及其伴生产品移交康采恩（包括康采恩份额）或其他主体之前可能发生的损失进行投保；

3) 对与采取预防措施、消除环境损害相关的费用进行投保，包括合同区及周边空气、水、土壤和地下资源的污染；

4) страхование вида «общая ответственность», охватывающее имущественный ущерб и вред жизни и здоровью, включая третьи Лица, причиненные в процессе проведения Нефтяных работ или в связи с ними;

5) страхование вида «контроль скважин», охватывающее расходы на контроль скважин и повторное бурение, вызванное авариями на скважинах на Договорной территории;

6) страхование вида «здоровье, жизнь и несчастные случаи», охватывающее страхование сотрудников Подрядчика и других Лиц, привлекаемых им к проведению Нефтяных работ;

7) обязательные виды страхования, предусмотренные законодательством Туркменистана;

8) иные виды страхования, применяемые Подрядчиком в соответствии с международной практикой проведения Нефтяных работ.

2. Подрядчик обязан:

1) при осуществлении страхования Нефтяных работ соблюдать положения законодательства Туркменистана о страховании;

4）一般责任险，对在石油作业过程中所发生的或与石油作业相关的财产损失、生命和健康损害进行投保，包括第三者责任险。

5）井控险，对井控费用和合同区内因井内事故造成重钻进行投保；

6）对承包商员工和承包商雇佣的从事石油作业的其他人员所投的健康、人寿和人身意外险；

7）土库曼斯坦法律所规定的强制险；

8）承包商根据国际石油作业惯例投保的其他险种。

2. 承包商有义务：

1）在对石油作业进行投保时遵守土库曼斯坦保险法的规定；

2) требовать от Оператора и Субподрядчика, деятельность которых связана с проведением Нефтяных работ, применять и поддерживать страхование в тех видах и суммах, которые предусмотрены соответствующими договорами субподрядов и положениями законодательства Туркменистана о страховании.

Статья 56. Трудовые отношения

1. Трудовые отношения Подрядчика с работниками регулируются трудовым законодательством Туркменистана, коллективными и индивидуальными трудовыми договорами (контрактами), а также иными нормативными правовыми актами, принятыми в соответствии с трудовым законодательством Туркменистана.

2. Подрядчик имеет право нанимать на работу иностранных работников. При этом число иностранных работников не позднее чем через год с даты вступления в силу Договора должно составлять не более 30 процентов от общей численности всех работников, привлечённых Подрядчиком.

2）要求从事与石油作业相关活动的作业者和分包商按照相应分包合同、土库曼斯坦保险法所要求的保险种类和数额进行投保。

第 56 条　劳动关系

1. 承包商与员工的劳动关系，由土库曼斯坦劳动法、集体合同和个人劳动合同，以及根据土库曼斯坦劳动法所制定的其他规范性法律文件来调整。

2. 承包商有权雇佣外国员工。但在石油合同生效之日起一年内，外国员工的数量不得超过承包商员工总数的 30%。

Привлечение иностранных работников сверх установленных квот осуществляется Подрядчиком по согласованию с Концерном только в случае отсутствия работников-граждан Туркменистана соответствующих специальностей и квалификации. При этом Подрядчик обязан подготовить специальную программу подготовки кадров по таким специальностям.

3. Трудовые договоры (контракты) Подрядчика с иностранными работниками могут содержать особые положения в соответствии с международной практикой их заключения. При этом уровень гарантий трудовых прав иностранных работников не может быть ниже уровня гарантий трудовых прав граждан Туркменистана, предусмотренного законодательством Туркменистана.

4. Положения настоящей статьи также применяются в отношении Субподрядчика.

Статья 57. Социальное страхование и социальное обеспечение

1. Социальное страхование и социальное обеспечение работников, состоящих в трудовых правоотношениях с Подрядчиком (за исключением пенсионного обеспечения иностранных работников), регулируются законодательством Туркменистана.

只有在土库曼斯坦缺乏具有相应专业和技能的本土员工的情况下，承包商才能根据与康采恩签订的协议，超出上述配额雇佣外国员工。同时，承包商应当制定该类专业人才培养计划。

3. 承包商与外国员工之间的劳动合同可按照国际惯例设定特别条款。同时，外国员工劳动权利保障水平不得低于土库曼斯坦法律所规定的土库曼斯坦居民的劳动权利保障水平。

4. 本条规定也适用于分包商。

第57条 社会保险和社会保障

1. 与承包商建立劳动法律关系的员工的社会保险和社会保障（外国员工养老保险除外），受土库曼斯坦法律调整。

2. Подрядчик может осуществлять взносы на государственное социальное страхование в отношении иностранных работников только в тех случаях, когда они желают пользоваться социальными льготами на территории Туркменистана.

3. Положения настоящей статьи применяются также в отношении Субподрядчика.

Статья 58. Гарантии прав Подрядчика

Подрядчику гарантируется защита его прав в соответствии с положениями международных договоров, участником которых является Туркменистан, настоящим Законом, Лицензией и Договором.

Статья 59. Разрешение споров

1. Споры:

а) между Концерном и Обладателем лицензии, связанные с приостановлением действия и (или) аннулированием Лицензии, решаются, по возможности, путём проведения переговоров;

2. 只有在外国员工有意愿在土库曼斯坦境内享受社会福利的情况下,承包商才为其缴纳国家社会保险费。

3. 本条规定也适用于分包商。

第 58 条 承包商权利保障

承包商权利依照土库曼斯坦缔结的国际条约、本法、许可证和石油合同的有关规定予以保护。

第 59 条 争议解决办法

1. 争议:

a) 康采恩和许可证持有人之间发生的与暂时中止和(或)吊销许可证相关的争议,应尽可能通过谈判来解决;

б）между Концерном и Подрядчиком, связанные с исполнением Договора, решаются, по возможности, путём проведения переговоров, в том числе с привлечением независимых международных экспертов, либо в соответствии с ранее согласованными в Договоре процедурами разрешения споров.

2. Если споры, указанные в части первой настоящей статьи, не могут быть разрешены в соответствии с ее положениями в течение трех месяцев с момента письменного обращения одной из сторон спора, то другая сторона, предварительно известив в письменном виде противоположную сторону, может в соответствии с Договором обратиться в международные арбитражные органы.

3. Все остальные споры, включая споры между Подрядчиком, а также Концерном и иными Лицами Туркменистана, разрешаются казыетом и арачи казыетом Туркменистана.

b）康采恩和承包商之间发生的与石油合同履行相关的争议，应尽可能通过谈判来解决，包括引入独立国际专家，或者按照石油合同中事先约定的争议处理程序解决。

2. 如果本条第 1 款所述争议自一方递交书面申请之日起 3 个月内仍无法按其规定得以解决，另一方在提前书面通知对方后，可根据石油合同规定向国际仲裁机构提请仲裁。

3. 其他各类争议，包括承包商之间，以及康采恩和土库曼斯坦其他自然人/法人之间的争议，由土库曼斯坦法院和仲裁法院解决。

Статья 60. Форс-мажор

1. Невыполнение Подрядчиком условий Лицензии и (или) Договора либо несоблюдение им требований законодательства Туркменистана не являются нарушением, если эти действия вызваны войной, угрозой войны, стихийными бедствиями или иными обстоятельствами, предусмотренными законодательством Туркменистана о чрезвычайных ситуациях, носящими чрезвычайный характер и не зависящими от воли и действий Подрядчика, либо другими причинами, предусмотренными Договором в качестве обстоятельств непреодолимой силы.

2. В случае невыполнения условий Лицензии и (или) Договора вследствие наступления обстоятельств непреодолимой силы Подрядчик обязан немедленно информировать об этом Концерн с указанием причин возникновения таких обстоятельств.

3. Сроки действия Лицензии и (или) Договора продлеваются на периоды, в течение которых Подрядчик не исполнял свои права и обязательства в соответствии с настоящим Законом, Лицензией и (или) Договором по причине обстоятельств непреодолимой силы.

第60条 不可抗力

1. 如因战争、战争威胁、自然灾害,或者土库曼斯坦紧急情况立法所规定的不取决于承包商意志和行为的其他紧急状况,或者石油合同所规定的其他不可抗力因素,承包商不能履行许可证和(或)合同条款或者未遵守土库曼斯坦法律要求的,不视为违约。

2. 因发生不可抗力而无法履行许可证和(或)石油合同条款的,承包商应立即通知康采恩并说明发生该不可抗力的原因。

3. 许可证和石油合同的有效期,按照因不可抗力致使承包商无法根据本法、许可证和石油合同履行权利和义务的期限作相应延长。

4. В случае если обстоятельства непреодолимой силы продолжаются более одного года, любая из Сторон договора вправе предложить другой Стороне расторгнуть Договор. По достижении согласия сторон Договор расторгается.

5. Если обстоятельства непреодолимой силы сохраняются в течение периода, превышающего два года, любая из Сторон договора вправе в одностороннем порядке расторгнуть Договор, предварительно за один месяц уведомив об этом другую сторону Договора.

В случае если Подрядчик не возместил свои затраты, связанные с проведением Нефтяных работ, Договор может быть расторгнут при наличии согласия Подрядчика.

6. Если обстоятельства непреодолимой силы продолжаются более пяти лет, то Концерн имеет право в одностороннем порядке расторгнуть Договор с Подрядчиком с возмещением его затрат по Договору. Сумма и порядок возмещения затрат определяются путем переговоров между Концерном и Подрядчиком.

7. Действие настоящей статьи не распространяется на требования своевременного осуществления платежей, предусматриваемых настоящим Законом, Лицензией и (или) Договором.

4. 如不可抗力情形持续时间超过一年，任何一方有权向另一方建议解除石油合同。双方达成一致后石油合同解除。

5. 如不可抗力情形持续时间超过两年，任何一方有权在提前一个月通知另一方后单方面解除石油合同。

如果承包商尚未回收与石油作业相关费用，经承包商同意可以解除石油合同。

6. 如果不可抗力情形持续时间超过5年，康采恩有权单方面解除石油合同并补偿承包商费用。费用补偿的数额和程序，由康采恩和承包商通过谈判确定。

7. 本条款不适用于本法、许可证和石油合同所规定的及时付款请求。

Глава XI. Заключительные положения

Статья 61. Информация, требуемая Концерном

Концерн имеет право обязать Подрядчика предоставить в письменном виде информацию и данные о Нефтяных работах, включая информацию о мировых ценах на Углеводородные ресурсы. Подрядчик обязан предоставить такую информацию.

Статья 62. Конфиденциальность информации

1. Ни одна из Сторон договора не вправе публиковать, разглашать или передавать третьей стороне какую-либо информацию, считающуюся конфиденциальной и имеющую отношение к Нефтяным работам, без предварительного письменного согласия другой Стороны договора.

第 11 章 最终条款

第 61 条 康采恩要求提供的信息

康采恩有权要求承包商以书面形式提供石油作业相关信息和数据,包括国际油气价格。承包商必须提供此类信息。

第 62 条 信息保密

1. 未经石油合同一方事先书面同意,另一方无权将任何保密信息及与石油作业相关的信息公布、泄漏或转达给第三方。

2. Конфиденциальная информация может быть предоставлена юрисконсультам, бухгалтерам, другим консультантам, гарантам, кредиторам, Субподрядчикам, компаниям по перевозке грузов при условии предварительного письменного обязательства этих Лиц о неразглашении полученной информации.

2. 在法律顾问、会计人员、其他顾问、担保人、债权人、分包商和货运公司事先作出书面保密承诺的情况下，可向其提供保密信息。

Статья 63. Неприкосновенность Кабинета Министров (Правительства) Туркменистана

第 63 条 土库曼斯坦内阁（政府）不受侵犯

Обладатель лицензии - Подрядчик обязан обеспечивать неприкосновенность Кабинета Министров (Правительства) Туркменистана в отношении всех действий, претензий и требований любых иных третьих Лиц, которые могут быть выдвинуты против Кабинета Министров (Правительства) Туркменистана в связи с какими-либо действиями Обладателя лицензии-Подрядчика при осуществлении своих прав и исполнении обязательств в соответствии с настоящим Законом, Лицензией и Договором.

许可证持有人——承包商应保证，在根据本法、许可证和石油合同行使权利和履行义务时，不因己方的任何行为而导致其他任何第三方作出侵犯土库曼斯坦内阁（政府）的各种行为、提出索赔和要求。

Статья 64. Вступление в силу настоящего Закона

第 64 条 本法生效

1. Настоящий Закон вступает в силу со дня его официального опубликования.

1. 本法自正式公布之日起生效。

2. Со дня вступления в силу настоящего Закона признать утратившими силу:

Закон Туркменистана «Об углеводородных ресурсах» (новая редакция), принятый Меджлисом Туркменистана 6 декабря 2005 года (Ведомости Меджлиса Туркменистана, 2005 г., № 3, 4, ст. 27);

часть пятую Закона Туркменистана «О внесении изменений в некоторые законодательные акты Туркменистана», принятого Меджлисом Туркменистана 30 марта 2007 года (Ведомости Меджлиса Туркменистана, 2007 г., № 1, ст.40).

3. Впредь до приведения законов и иных нормативных правовых актов Туркменистана в соответствие с настоящим Законом они применяются постольку, поскольку не противоречат настоящему Закону.

4. Действие настоящего Закона распространяется на правовые отношения сторон, возникающие после вступления его в силу.

По правовым отношениям сторон, возникшим до вступления в силу настоящего Закона, его положения применяются к тем правам и обязанностям, которые возникли после вступления в силу настоящего Закона.

2. 自本法生效之日起，下列法律失去效力：

2005年12月6日土库曼斯坦议会通过的土库曼斯坦《油气资源法》（新版）（议会公报，2005年，第3期和第4期，第27条）；

2007年3月30日土库曼斯坦议会通过的土库曼斯坦《土库曼斯坦某些立法法案修正案》第5部分（议会公报，2007年，第1期，第40条）。

3. 在对土库曼斯坦法律和其他规范性法律文件做出修订以使之与本法相一致前，适用其不与本法相悖之部分。

4. 本法生效后，合同双方所产生的法律关系依照本法规定执行。

对于本法生效之前所产生的合同双方法律关系，本法规定仅适用于本法生效后所产生的权利和义务。

К правовым отношениям сторон, возникшим на основании нормативных правовых актов Туркменистана, признанных утратившими силу в связи с введением в действие настоящего Закона, применяются эти нормативные правовые акты, кроме случаев, когда сами стороны отношений изъявляют желание регулировать свои взаимоотношения в соответствии с положениями настоящего Закона.

Нормы настоящего Закона, ухудшающие положение Обладателя лицензии, получившего Лицензию до вступления в силу настоящего Закона, и Сторон договора по действующим Договорам, обратной силы не имеют.

5. Введение в действие настоящего Закона не влечёт за собой изменения сроков ранее выданных Лицензий и действующих Договоров.

6. Положения части второй статьи 9 настоящего Закона применяются к соответствующим правоотношениям, возникшим с 18 октября 2005 года.

7. Лицензирование работ по разведке, добыче и переработке углеводородных ресурсов, не регулируемых настоящим Законом, осуществляется в соответствии с Законом Туркменистана «О лицензировании отдельных видов деятельности.

对于基于因本法实施而失效的土库曼斯坦规范性法律文件所产生的合同双方法律关系，适用该失效规范性法律文件，但双方自愿依据本法规定调整的情形除外。

本法规范对本法生效前取得许可证的许可证持有人和现行有效石油合同双方地位构成损害的，不具有溯及力。

5. 本法的实施不改变之前所发放的许可证和现行有效石油合同的期限。

6. 本法第 9 条第 2 款适用于 2005 年 10 月 18 日之后产生的法律关系。

7. 不受本法调整的油气资源勘探、开发和加工作业，应依照《土库曼斯坦某些经营活动许可法》办理作业许可。

Президент Гурбангулы Туркменистана Бердимухамедов

г. Ашхабад
20 августа 2008 г.
№ 208-Ⅲ.

土库曼斯坦总统
古尔班古力·别尔德穆哈梅多夫

阿什哈巴德市
2008 年 8 月 20 日
第 208-Ⅲ 号

Ⅳ Об углеводородном газе и газоснабжении

第四部分

烃类气体和天然气供应法

（土库曼斯坦议会公报，2013年第3期，第54条）

（根据土库曼斯坦2019年6月8日第153-Ⅵ号法令修订）

本法规定了土库曼斯坦天然气领域和天然气供应关系的法律、经济和组织基础，旨在为天然气市场的有效运作、天然气供应系统设施的可靠和安全运行创造条件。

第1章 总则

第1条 基本概念

本法的基本概念如下：

1）汽车加气压缩机站——压缩、储存和销售压缩天然气用作发动机燃料的工艺综合体；

2）天然气供应——一种向用户提供天然气的能源供应形式，包括天然气的开采、运输、储存和供应；

3) система газоснабжения– имущественный производственный комплекс, состоящий из технологически, организационно и экономически взаимосвязанных и централизованно управляемых производственных и иных объектов, предназначенных для добычи, транспортировки, хранения и поставки газа;

4) газоснабжающая организация (предприятие)–государственное юридическое лицо, осуществляющее поставки газа потребителям по договорам;

5) газораспределительная система–имущественный производственный комплекс, состоящий из технологически, организационно и экономически взаимосвязанных объектов, предназначенных для транспортировки и подачи товарного газа от магистрального газопровода до газопотребляющих систем;

6) газотранспортное предприятие-государственное юридическое лицо, оказывающее услуги по транспортировке товарного газа по газопроводам от пункта его приёмки до пункта сдачи потребителю, технологического хранения или перевалки (передачи) на другой вид транспорта;

7) охранная зона объектов системы газоснабжения–территория, прилегающая к объектам системы газоснабжения, необходимая для обеспечения её безопасной эксплуатации. В охранной зоне объектов системы газоснабжения Кабинетом Министров Туркменистана устанавливаются особые условия землепользования;

3）天然气供应系统——由工艺、组织和经济上相互关联、集中管理的生产设施和其他设施组成的生产综合项目，用于天然气开采、运输、储存和供应；

4）天然气供应单位（企业）——根据合同向用户供应天然气的国家法人实体；

5）天然气配送系统——工艺、组织和经济上相互关联的设施组成的生产综合项目，用于从主输气管道输送和供应商品气到天然气消费系统；

6）天然气运输企业——国家法人实体，提供将商品气从接收点输送到用户交付点、储存或转运（移交）到其他运输方式的天然气管道运输服务；

7）天然气供应系统设施保护区——天然气供应系统设施周边，为确保其安全运行所必需的区域，土库曼斯坦内阁对天然气供应系统设施保护区规定了特殊的土地使用条件；

8) сжатый природный газ– природный газ, заполненный в баллоны путём сжатия до давления 20 МПа и более;

9) товарный газ– добытый и подготовленный к транспортировке в соответствии с государственными стандартами и техническими условиями природный газ, нефтяной (попутный) газ;

10) приборы учёта– средства измерений и другие технические средства, выполняющие функции измерения, накопления, хранения, отображения информации о расходе, объёме, температуре, давлении газа и времени работы приборов;

11) национальный оператор– государственная организация, осуществляющая деятельность в газовой сфере и газоснабжении в целях обеспечения потребностей Туркменистана в газе;

12) норма потребления– расчётная величина, отражающая среднемесячное количество газа, устанавливаемая для потребителей, на газовом оборудовании которых отсутствуют приборы учёта;

13) потребитель– бытовой, коммунально-бытовой или промышленный потребитель;

8）压缩天然气——通过加压至20MPa及以上，压缩并充装进储气瓶中的天然气；

9）商品气——根据国家标准和技术条件生产并准备运输的天然气、石油（伴生）气；

10）计量仪器——测量设备和其他技术设备，具有测量、储存，以及显示气体流量、体积、温度、压力和仪器运行时间等功能；

11）国家经营者——在天然气和天然气供应领域开展活动以满足土库曼斯坦天然气需求的国家组织；

12）消耗定额——为天然气设备上没有计量装置的用户设定的，用于反映月均用气量的额定值；

13）用户——家庭、公共生活或工业用户；

14) сжиженный нефтяной（природный）газ– продукт переработки нефти（природного газа）, состоящий из смеси углеводородов（пропан-бутановой фракции）, преобразованной в жидкое состояние в целях транспортировки и хранения, отвечающей по качественному и количественному содержанию компонентов требованиям государственных стандартов и технических условий（далее – сжиженный газ）;

15) природный газ– углеводороды, находящиеся в газообразном состоянии при нормальных атмосферном давлении и температуре, попутные и непопутные к сырой нефти газы;

16) газ углеводородный–природный газ, попутный нефтяной газ, газ из нефтегазоконденсатных месторождений и газ, вырабатываемый газо- и нефтеперерабатывающими предприятиями.

Статья 2. Законодательство Туркменистана об углеводородном газе и газоснабжении

1. Законодательство Туркменистана об углеводородном газе（далее – газ）и газоснабжении основываетсяна Конституции Туркменистана и состоит из настоящего Закона и иных нормативных правовых актов Туркменистана.

14）液化石油气（天然气）——石油（天然气）加工产品，由烃类混合物（丙烷—丁烷馏分）组成，为便于运输和储存而转化为液态，其组分的质量和含量符合国家标准和技术条件的要求（以下简称液化气）；

15）天然气——在正常大气压力和温度下处于气态的烃类、原油伴生和非伴生气体；

16）烃类气体——天然气、伴生石油气、凝析油气田的天然气，以及天然气和石油加工企业生产的天然气。

第 2 条　土库曼斯坦烃类气体和天然气供应法

1. 土库曼斯坦关于烃类气体（以下简称天然气）和天然气供应的法律，是以土库曼斯坦宪法为基础，由本法和土库曼斯坦其他规范性法律文件组成。

2. Если международным договором Туркменистана установлены иные правила, чем предусмотренные в настоящем Законе, то применяются правила международного договора.

2. 土库曼斯坦国际条约另有规定的，适用国际条约规定。

Статья 3. Сфера действия настоящего Закона

第 3 条　本法的适用范围

Действие настоящего Закона распространяется на отношения, возникающие в процессе добычи, переработки, хранения, транспортировки и поставки газа, за исключением отношений, возникающих в процессе проведения Нефтяных работ в соответствии с Законом Туркменистана «Об углеводородных ресурсах» и транспортировки газа по магистральным трубопроводам в соответствии с Законом Туркменистана «О магистральном трубопроводном транспорте».

本法适用于天然气开采、加工、储存、运输和供应过程中产生的关系，但根据土库曼斯坦《油气资源法》进行石油作业和根据土库曼斯坦《干线管道运输法》通过干线管道输送天然气过程中产生的关系除外。

Статья 4. Принципы государственной политики в газовой сфере и газоснабжении

第 4 条　天然气领域和天然气供应的国家政策原则

Принципами государственной политики в газовой сфере и газоснабжении являются:

天然气领域和天然气供应的国家政策原则如下：

1) государственная поддержка развития газовой отрасли в целях улучшения социально-экономических условий жизни населения, обеспечения технического прогресса и создания условий для развития экономики Туркменистана с учётом промышленной и экологической безопасности;

2) государственное регулирование рационального использования запасов газа, имеющих стратегическое значение;

3) обеспечение финансовой устойчивости системы газоснабжения;

4) государственное регулирование экспорта газа исходя из необходимости защиты экономических интересов Туркменистана, исполнения международных обязательств по экспорту газа;

5) повышение уровня газификации жилищного и коммунального хозяйства, промышленных предприятий и иных организаций, расположенных на территории Туркменистана, на основе формирования и реализации национальной программы газификации;

6) определение основ ценовой политики в отношении газа;

7) создание условий для широкого использования газа в качестве моторного топлива и сырья для химической промышленности Туркменистана;

8) обеспечение надёжной сырьевой базы добычи газа;

9) обеспечение энергетической безопасности Туркменистана.

1）为改善居民的社会经济条件、确保技术进步、为土库曼斯坦经济的发展创造条件，同时考虑到工业和生态安全，国家支持天然气工业的发展；

2）对具有战略意义的天然气资源的合理利用进行国家调控；

3）保障天然气供应系统的财政稳定；

4）为保护土库曼斯坦经济利益和履行国际天然气出口义务，国家对天然气出口实施调控；

5）在制定和实施国家气化方案的基础上，提高土库曼斯坦境内住房和公共事业、工业企业和其他组织的气化水平；

6）制定天然气价格政策框架；

7）为土库曼斯坦广泛使用天然气作为发动机燃料和化工原料创造条件；

8）确保可靠的天然气生产原料基地；

9）保障土库曼斯坦能源安全。

Глава II. Государственное регулирование в газовой сфере и газоснабжении

第 2 章 国家对天然气领域和天然气供应的调控

Статья 5. Органы, осуществляющие государственное регулирование в газовой сфере и газоснабжении

第 5 条 对天然气领域和天然气供应进行国家调控的机关

Государственное регулирование в газовой сфере и газоснабжении осуществляется Кабинетом Министров Туркменистана, уполномоченным государственным органом в области добычи, переработки, хранения, транспортировки и поставки газа (далее – уполномоченный орган) и местными органами исполнительной власти в соответствии с законодательством Туркменистана.

由土库曼斯坦内阁作为天然气开采、加工、储存、运输和供应领域的国家授权机关(以下简称授权机关),地方权力执行机关根据土库曼斯坦法律对天然气和天然气供应实施国家调控。

Статья 6. Компетенция Кабинета Министров Туркменистана в газовой сфере и газоснабжении

第 6 条 土库曼斯坦内阁在天然气领域和天然气供应领域的权限

Кабинет Министров Туркменистана в газовой сфере и газоснабжении:

土库曼斯坦内阁在天然气领域和天然气供应方面可以:

1) определяет государственную политику в газовой сфере и газоснабжении;

2) утверждает:

а) государственные программы развития газовой сферы и системы газоснабжения;

b) национальную программу газификации;

подпункт «с» пункта 2 признано утратившим силу Законом Туркменистана от 08.06.2019 г. № 153-Ⅵ;

d) перечень потребителей, имеющих преимущественное право пользования газом в качестве топлива, поставки газа которым не подлежат ограничению или прекращению;

е) Правила подачи газа населению Туркменистана и Правила пользования газом предприятиями и организациями в Туркменистане, порядок использования газа в качестве топлива;

3) устанавливает порядок формирования и утверждения перспективного баланса добычи и реализации газа в Туркменистане;

4) определяет размеры земельных участков, предоставляемых для строительства и эксплуатации производственно-технологических объектов системы газоснабжения, и порядок их использования;

5) формирует ценовую политику на услуги газоснабжающих организаций (предприятий);

1）制定天然气领域及天然气供应的国家政策；

2）批准：

a）天然气领域和天然气供应系统的国家发展规划；

b）国家气化方案；

根据土库曼斯坦2019年6月8日第153-Ⅵ号法规第2款c）项无效；

d）优先使用天然气作为燃料且天然气供应不受限制或不会终止的用户名单；

e）土库曼斯坦居民供气规范、土库曼斯坦企业单位天然气使用规范，以及将天然气作为燃料的使用程序。

3）制定土库曼斯坦天然气开采和销售前景平衡表的编制及审批程序；

4）确定为天然气供应系统生产工艺设施建设和运行提供的用地面积及其使用程序；

5）制定天然气供应单位（企业）服务价格政策；

6) устанавливает порядок разработки и реализации мер по обеспечению устойчивой работы предприятий, организаций системы газоснабжения в чрезвычайных ситуациях;

7) в пределах его компетенции осуществляет иные полномочия в соответствии с законодательством Туркменистана.

Статья 7. Компетенция уполномоченного органа в газовой сфере и газоснабжении

Уполномоченный орган в газовой сфере и газоснабжении:

1) реализует государственную политику;

2) участвует в разработке и реализации государственных программ развития газовой сферы и системы газоснабжения, национальной программы газификации;

3) осуществляет межотраслевую координацию;

4) участвует в реализации генеральной схемы газификации Туркменистана;

5) определяет структуру системы газоснабжения;

6) 规定天然气供应系统企业和组织在紧急情况下稳定运行保障措施的制定和实施程序；

7) 在其职权范围内，根据土库曼斯坦法律行使其他权力。

第 7 条 天然气领域和天然气供应授权机关的权限

天然气领域和天然气供应授权机构可以：

1) 执行国家政策；

2) 参与制定和实施天然气和天然气供应系统的发展规划、国家气化方案；

3) 进行跨部门协作；

4) 参与实施土库曼斯坦气化总体方案；

5) 确定天然气供应系统结构；

6) разрабатывает и представляет на утверждение в Кабинет Министров Туркменистана проекты Правил подачи газа населению Туркменистана и Правил пользования газом предприятиями и организациями в Туркменистане, порядок использования газа в качестве топлива;

7) участвует в разработке проектов нормативных правовых актов Туркменистана, направленных на реализацию государственной политики в газовой сфере и газоснабжении;

8) в пределах своей компетенции разрабатывает и утверждает нормативно-технические документы;

9) утверждает нормы потребления товарного и сжиженного газа;

10) осуществляет контроль за безопасностью объектов системы газоснабжения;

11) участвует в разработке правил по обеспечению промышленной, пожарной и экологической безопасности при проектировании, строительстве, эксплуатации, выводе из эксплуатации объектов системы газоснабжения;

12) осуществляет международное сотрудничество по вопросам развития газовой сферы;

13) осуществляет иные полномочия в соответствии с законодательством Туркменистана.

6）起草向土库曼斯坦居民供气规范草案、土库曼斯坦企业单位用气规范草案、天然气作为燃料的使用程序，并提交至土库曼斯坦内阁批准；

7）参与制定土库曼斯坦天然气领域和天然气供应国家政策实施的规范性法律文件草案；

8）在其职权范围内制定和批准规范性技术文件；

9）制定商品气和液化气的消费定额；

10）监察天然气供应系统设施的安全；

11）参与制定天然气供应系统设施设计、施工、运行和停用的工业、消防和环境安全条例；

12）开展天然气发展方面的国际合作；

13）根据土库曼斯坦法律行使其他权力。

Статья 8. Компетенция местных органов исполнительной власти в газовой сфере и газоснабжении

Местные органы исполнительной власти в газовой сфере и газоснабжении:

1) участвуют в приёме в эксплуатацию объектов системы газоснабжения и приёме земельных участков при их ликвидации;

2) оказывают содействие в ликвидации аварий и чрезвычайных ситуаций;

3) участвуют в реализации генеральной схемы газификации Туркменистана;

4) осуществляют иные полномочия в соответствии с законодательством Туркменистана.

Статья 9. Техническое нормирование, стандартизация и сертификация в газовой сфере и газоснабжении

1. В целях предупреждения вреда (ущерба), который может быть причинён жизни и здоровью людей, окружающей среде деятельностью объектов системы газоснабжения, в соответствии с законодательством Туркменистана разрабатываются и утверждаются государственные стандарты на отдельные объекты и оборудование указанной системы.

第 8 条 天然气领域和天然气供应的地方权力执行机关的权限

天然气领域和天然气供应的地方权力执行机关可以：

1）参与天然气供应系统设施的投产验收和设备报废时的土地验收；

2）协助消除事故，应对紧急情况；

3）参与实施土库曼斯坦气化总体方案；

4）根据土库曼斯坦法律行使其他权力。

第 9 条 天然气领域和天然气供应技术规范、标准化和认证

1. 根据土库曼斯坦法律，制定并审批天然气供应系统所有设施和设备的国家标准，以防止该系统设施的运行对人的生命健康和环境可能造成的伤害（损害）。

2. Обязательной сертификации на соответствие требованиям нормативных актов Туркменистана, связанным с безопасностью для здоровья людей, окружающей среды, имущества, в порядке, установленном законодательством Туркменистана, подлежат технические устройства, применяемые в системе газоснабжения.

3. Перечень объектов и оборудования системы газоснабжения, на которые разрабатываются государственные стандарты, и перечень технических устройств системы газоснабжения, подлежащих обязательной сертификации, устанавливаются уполномоченным государственным органом в области стандартизации.

Статья 10. Лицензирование отдельных видов деятельности в газовой сфере и газоснабжении

Лицензирование отдельных видов деятельности в газовой сфере и газоснабжении осуществляется в соответствии с законодательством Туркменистана.

2. 天然气供应系统中使用的技术设备必须按照土库曼斯坦法律规定的程序，获得符合土库曼斯坦规范性文件中有关人体健康、环境和财产安全要求的认证证书。

3. 由国家标准化领域的授权机构制定符合国家标准的天然气供应系统设施和设备清单，以及强制认证的天然气供应系统技术设备清单。

第 10 条 天然气领域和天然气供应系统中个别经营许可证的发放

天然气领域和天然气供应系统中个别经营许可证的发放应根据土库曼斯坦法律进行。

Глава III. Функционирование и развитие системы газоснабжения

第 3 章 天然气供应系统的职能作用和发展

Статья 11. Единая система газоснабжения внутренних потребителей

第 11 条 国内用户统一天然气供应系统

1. Единая система газоснабжения внутренних потребителей является основной системой газоснабжения в Туркменистане.

2. Единая система газоснабжения включает в себя газопроводы, хранилища газа, газораспределительные системы, автогазонаполнительные компрессорные станции и иные технологические объекты.

3. Объекты единой системы газоснабжения являются государственной собственностью.

1. 国内用户统一天然气供应系统是土库曼斯坦主要的天然气供应系统。

2. 统一天然气供应系统包括输气管道、储气库、配气系统、汽车加气压缩机站和其他相关工艺设施。

3. 统一天然气供应系统设施为国有财产。

Статья 12. Неделимость единой системы газоснабжения

Для обеспечения надежного газоснабжения, безопасного и устойчивого функционирования объектов единой системы газоснабжения, связанных общим технологическим режимом добычи, транспортировки и поставок газа, разделение единой системы газоснабжения не допускается.

Статья 13. Технологическое и диспетчерское управление единой системой газоснабжения внутренних потребителей

1. Технологическое и диспетчерское управление единой системой газоснабжения внутренних потребителей осуществляется национальным оператором (далее-оператор).

2. Оператор:

1) обеспечивает непрерывное, эффективное, надёжное и безопасное функционирование единой системы газоснабжения;

第 12 条 统一天然气供应系统的不可分割性

为确保可靠的天然气供应,以及与天然气开采、运输和供应等工艺制度相关联的统一天然气供应系统设施的安全和稳定运行,统一天然气供应系统不可分割。

第 13 条 国内用户统一天然气供应系统工艺和调度管理

1. 国内用户统一天然气供应系统工艺和调度管理由国家经营者(以下简称经营者)完成。

2. 经营者:

1)确保统一天然气供应系统连续、高效、可靠和安全运行;

2) обеспечивает строительство, эксплуатацию и развитие объектов единой системы газоснабжения;

3) обеспечивает использование на объектах единой системы газоснабжения энергосберегающего оборудования и экологически безопасных технологических процессов;

4) осуществляет транспортировку продукции в необходимых объёмах с соблюдением установленных технологических параметров и сохранением нормативных критериев надёжности и безопасности;

5) осуществляет техническое обслуживание, текущий ремонт и диагностическое обследование объектов единой системы газоснабжения;

6) обеспечивает соблюдение правил промышленной, пожарной и экологической безопасности;

7) ведёт учёт производителей газа, газоснабжающих организаций (предприятий) и промышленных потребителей газа;

8) осуществляет иные полномочия в соответствии с законодательством Туркменистана.

3. Оператор при осуществлении своей деятельности обеспечивает согласованные действия с предприятиями, входящими в единую систему газоснабжения.

2）保证统一天然气供应系统设施的建设、运行和发展；

3）保证在统一天然气供应系统所有设施上使用节能设备和环保安全工艺流程；

4）按照规定的技术参数和可靠性、安全性的规范标准，运输规定数量的产品；

5）对统一天然气供应系统设施进行技术维护、日常维修和诊断检查；

6）保证遵守工业、消防和生态安全规范；

7）将天然气生产商、天然气供应单位（企业）和天然气工业用户登记在册；

8）根据土库曼斯坦法律行使其他权力。

3. 经营者在开展活动时应保证与统一天然气供应系统企业协调一致。

Глава IV. Правовые основы газоснабжения

Статья 14. Основы создания и развития единого рынка газа

Основами создания и развития единого рынка газа на территории Туркменистана являются:

1) формирование круга потребителей газа на основе широкого внедрения газа в качестве энергетического и топливного ресурса в производство и быт – развитие газификации;

2) установление экономически взаимовыгодных отношений потребителей и поставщиков газа;

3) создание условий для надёжного обеспечения газом потребителей различных категорий;

4) проведение государственной политики ценообразования, стимулирующей развитие единого рынка газа.

第4章 天然气供应的法律基础

第14条 统一天然气市场建立和发展的基础

在土库曼斯坦境内建立和发展统一天然气市场的基础是:

1）在将天然气作为能源和燃料资源广泛引入生产和生活的基础上，形成天然气用户群——发展气化；

2）建立天然气用户和供应商之间的经济互惠关系；

3）为各类用户可靠供应天然气创造条件；

4）实施国家定价政策，促进统一天然气市场的发展。

Статья 15. Основы развития газификации в Туркменистане

1. Развитие газификации территории Туркменистана, а также жилищного и коммунального хозяйства, промышленных и иных предприятий и организаций осуществляется на основании перспективного баланса добычи и потребления газа и соответствующих национальных программ.

2. Источники финансирования работ по газификации определяются соответствующими национальными программами.

Статья 16. Правовая основа поставок газа

1. Поставки газа осуществляются на основании договора между поставщиком и потребителем в соответствии с законодательством Туркменистана, Правилами подачи газа населению Туркменистана и Правилами пользования газом предприятиями и организациями в Туркменистане.

第 15 条　土库曼斯坦气化发展基础

1. 土库曼斯坦境内气化的发展，以及住房和公共事业、工业企业和其他企业和组织的发展，均以天然气开采和消费前景平衡表及相应的国家方案为基础。

2. 气化工作的资金来源由相应的国家计划确定。

第 16 条　天然气供应的法律基础

1. 根据土库曼斯坦法律、土库曼斯坦居民天然气供应规范和土库曼斯坦企业单位天然气使用规范，将按照供货商与用户签订的合同进行天然气供应。

2. Преимущественным правом на заключение договора на поставку газа пользуются его покупатели для государственных потребностей, коммунально-бытовых и социальных нужд граждан в объёмах потребления газа, согласованных с государственными заказчиками.

3. Поставки газа потребителям осуществляются только при соответствии государственным стандартам качества поставляемого газа и при наличии сертификата соответствия.

4. Поставщик обязан обеспечивать бесперебойное снабжение газом потребителей в соответствии с условиями договора на поставку газа.

5. Поставщик вправе в одностороннем порядке приостановить подачу газа потребителю в следующих случаях:

1）нарушения потребителем правил безопасности объектов системы газоснабжения;

2）технической неисправности объектов системы газоснабжения;

3）самовольного подключения потребителем газового оборудования;

4）наличия дебиторской задолженности за поставленный газ.

2. 根据与国家采购方商定的天然气需求量，对于用于满足国家需求、公民的公共生活和社会需求的购买者，享有优先签订天然气供应合同的权利。

3. 向用户供应的天然气必须符合国家天然气质量标准并具有相应的合格证书。

4. 供货商应按天然气供应合同条款，确保不间断地向用户供应天然气。

5. 在下列情况下，供货商有权单方面暂停向用户供应天然气：

1）用户违反天然气供应系统设施安全规范；

2）天然气供应系统设施技术故障；

3）用户未经许可私自接入天然气设备；

4）存在已供应天然气的应收账款。

Статья 17. Эксплуатация газопотребляющих систем и газового оборудования потребителями газа

1. Владельцы газопотребляющих систем и газового оборудования обязаны обеспечивать их надлежащее техническое состояние и безопасность.

2. Техническое обслуживание газопотребляющих систем и газового оборудования, принадлежащих потребителям газа, осуществляется в соответствии с Правилами пользования газом предприятиями и организациями в Туркменистане, утверждёнными Кабинетом Министров Туркменистана.

第17条 天然气用户对用气系统和天然气设备的使用

1.用气系统和天然气设备的所有者必须保证其应有的技术条件和安全性能。

2.根据土库曼斯坦内阁批准的土库曼斯坦企业和单位天然气使用规范,对天然气用户的用气系统和燃气设备进行技术维护。

Глава V. Транспортировка, хранение, учёт поставляемого газа

第 5 章　供应天然气的运输、储存和核算

Статья 18. Транспортировка и хранение газа

第 18 条　天然气运输和储存

1. Услуги по транспортировке товарного газа по газопроводам и системам газоснабжения, а также по хранению товарного газа в хранилищах товарного газа оказывают газотранспортные предприятия и газоснабжающие организации (предприятия).

2. Газотранспортные предприятия, газоснабжающие организации (предприятия) обязаны:

1) предоставлять владельцам товарного газа на равных условиях доступ к газопроводам, хранилищам товарного газа или газораспределительной системе в соответствии с законодательством Туркменистана;

1. 天然气运输企业和天然气供应单位（企业）通过天然气管道和天然气供应系统提供商品气的运输服务，以及利用商品气储存设施提供商品气的储存服务。

2. 天然气运输企业和天然气供应单位（企业）必须：

1）根据土库曼斯坦法律，在同等条件下允许商品气所有者使用天然气管道、商品气储存设施或配气系统；

2）информировать владельцев товарного газа и (или) потребителей о планируемых ремонтных и профилактических работах, влияющих на исполнение обязательств по транспортировке, хранению и (или) поставке газа.

3. Газотранспортное предприятие вправе отказать владельцу в транспортировке и (или) хранении товарного газа в случаях, установленных Законом Туркменистана «О магистральном трубопроводном транспорте».

4. Транспортировка сжиженного газа осуществляется железнодорожным, автомобильным, морским или внутренним водным транспортом, оборудованным в соответствии с требованиями, установленными законодательством Туркменистана для перевозки опасных грузов.

5. Конструкция и условия эксплуатации средств хранения и транспортировки сжиженного газа железнодорожным, автомобильным, морским и внутренним водным транспортом должны соответствовать требованиям соответствующих технических условий.

Статья 19. Учёт газа

1. Не допускаются транспортировка, хранение и поставка газа без учёта его объёма.

2）通知商品气所有者和（或）用户进行计划维修和预防工作，以确保天然气运输、储存和（或）供应义务的履行。

3. 在土库曼斯坦《干线管道运输法》规定的情况下，天然气运输企业有权拒绝商品气所有者运输和（或）储存商品气。

4. 根据土库曼斯坦法律规定的危险货物运输要求，液化气可通过铁路、公路、海洋和内河运输。

5. 液化气通过铁路、公路、海洋和内河运输时，储存和运输设施的结构和使用条件应符合相关技术条件的要求。

第 19 条 天然气核算

1. 未经计量的天然气不得运输、储存和供应。

2. Учёт газа осуществляется в соответствии с Правилами подачи газа населению Туркменистана и Правилами пользования газом предприятиями и организациями в Туркменистане по приборам учёта, а при отсутствии приборов учёта либо несоответствии их параметрам газового оборудования – по мощности газопотребляющего оборудования промышленных и коммунально-бытовых потребителей, по нормам потребления газа бытовыми потребителями.

2.根据土库曼斯坦居民天然气供应规范和土库曼斯坦企业单位天然气使用规范,应使用计量仪器对天然气进行核算,如果没有计量仪器或与天然气设备参数不符,则根据工业和公共生活用户用气设备的功率和家庭用户用气标准进行核算。

Глава VI. Основы экономических отношений в сфере газоснабжения

第 6 章　天然气供应领域的经济关系基础

Статья 20. Государственное регулирование цен на газ

第 20 条　国家调控天然气价格

1. В Туркменистане осуществляется государственное регулирование цен на газ, поставляемый на внутренний рынок.

2. Государственная ценовая политика в сфере газоснабжения предусматривает:

а) установление оптовой цены на газ в целом по промышленности Туркменистана, оптовых цен на газ для предприятий, цены на газ, отпускаемый населению;

b) создание благоприятных условий для добычи, транспортировки, хранения и поставок газа;

подпункты «с» и «е» части второй признано утратившим силу Законом Туркменистана от 08.06.2019 г. № 153-VI;

d) контроль за соблюдением регулируемых цен и тарифов в сфере газоснабжения.

1. 土库曼斯坦对国内市场天然气价格实行国家调控。

2. 国家天然气供应定价政策规定：

a）确定土库曼斯坦整个工业天然气批发价格、企业天然气批发价格、居民供气价格；

b）为天然气的开采、运输、储存和供应创造有利条件；

根据土库曼斯坦 2019 年 6 月 8 日第 153-VI 号法规，第 2 款的 c）项和 e）项无效；

d）监测天然气供应价格调控和税率的执行情况。

Глава VII. Регулирование землепользования при строительстве и эксплуатации объектов системы газоснабжения

Статья 21. Предоставление земельных участков для строительства объектов системы газоснабжения

1. Земельные участки, необходимые для строительства производственно-технологических объектов системы газоснабжения, предоставляются оператору в постоянное пользование в порядке, установленном законодательством Туркменистана.

2. Земельные участки, необходимые в течение ограниченного периода времени для обеспечения строительства или ремонта объектов, предоставляются оператору во временное пользование в порядке, установленном законодательством Туркменистана.

第 7 章 天然气供应系统设施建设和运行中的土地使用管理

第 21 条 为天然气供应系统设施的建设提供土地

1. 天然气供应系统生产技术设施的建设所需用地应按照土库曼斯坦法律规定的程序供经营者永久使用。

2. 在规定时间内为保证设施的建设或维修所需用地应根据土库曼斯坦法律规定的程序供经营者临时使用。

Статья 22. Охранные зоны объектов системы газоснабжения

1. В целях обеспечения безопасности населения, предотвращения причинения вреда окружающей среде, а также создания условий для безопасной эксплуатации объектов системы газоснабжения на территориях, прилегающих к ним, устанавливаются охранные зоны в порядке, определяемом Кабинетом Министров Туркменистана.

2. Для земельных участков, находящихся в пределах охранных зон, устанавливается особый режим землепользования, при котором собственники земли, пользователи или арендаторы этих земель имеют право их хозяйственного использования со следующими ограничениями:

1) запрещается ведение промышленного и гражданского строительства;

2) запрещается выполнение любых работ без согласования с оператором.

3. Оператор имеет право в пределах охранных зон производить работы по ремонту и обслуживанию объектов системы газоснабжения, а также работы по ликвидации последствий аварий с предварительным уведомлением собственников, землепользователей или арендаторов этих земельных участков и последующим возмещением нанесённого ущерба в порядке и размерах, установленных законодательством Туркменистана.

第 22 条 天然气供应系统设施保护区

1. 为了保障居民安全，防止对环境造成损害，并为天然气供应系统设施的安全运行创造条件，应按照土库曼斯坦内阁确定的程序设立保护区。

2. 对保护区内的土地实行特殊的土地使用制度，土地所有者、使用者或承租人有权使用土地，但有以下限制：

1）禁止工业和民用设施建设；

2）未经经营者同意，禁止进行任何作业。

3. 经营者有权在保护区内进行天然气供应系统设施的维修和维护工作，在事先通知这些土地的所有者、土地使用者或承租人的情况下进行善后工作，并按照土库曼斯坦法律规定的程序和数额对造成的损害进行赔偿。

Глава VIII. Обеспечение безопасности систем газоснабжения

Статья 23. Государственный надзор и контроль в газовой сфере и газоснабжении

1. Государственный надзор и контроль в газовой сфере и газоснабжении осуществляется в соответствии с законодательством Туркменистана.

2. Государственный надзор и контроль за безопасностью объектов газоснабжения включает:

1) организацию разработки, утверждение и введение в действие норм и правил по обеспечению безопасности объектов газоснабжения;

2) выдачу лицензий на проектирование, строительство и ремонт объектов газоснабжения и транспортировку газа;

3) осуществление государственного надзора за технической и пожарной безопасностью объектов газоснабжения;

4) осуществление контроля за разработкой и реализацией мер по обеспечению безопасности при строительстве, эксплуатации, ремонте и выводе из эксплуатации объектов газоснабжения.

第8章 天然气供应系统的安全保障

第23条 国家对天然气领域和天然气供应的监督和控制

1. 国家根据土库曼斯坦法律对天然气领域和天然气供应实施监督和控制。

2. 国家对天然气供应设施安全的监督和控制包括：

1）组织制定、批准和实施天然气供应设施安全标准和规范；

2）签发天然气供应设施设计、施工、维修和天然气运输许可证；

3）对天然气供应设施的技术安全和消防安全进行国家监督；

4）监督天然气供应设施建设、运行、维修和停用的安全保障措施的制定和实施。

Статья 24. Особенности обеспечения промышленной и экологической безопасности объектов системы газоснабжения

1. В целях обеспечения безопасного функционирования объектов системы газоснабжения соблюдаются следующие требования к обеспечению их промышленной и экологической безопасности:

1) проектирование, строительство и эксплуатация технологических объектов системы газоснабжения осуществляются исключительно организациями, имеющими соответствующие лицензии;

2) для объектов системы газоснабжения устанавливается режим охраны, определяемый законодательством Туркменистана;

3) лица, виновные в нарушении правил безопасности при строительстве, эксплуатации или ремонте объектов системы газоснабжения, а также в нарушении правил их охраны, несут ответственность, установленную законодательством Туркменистана;

第 24 条 天然气供应系统设施的工业和生态安全保障特点

1.为保证天然气供应系统各设施的安全运行,应遵守下列工业和生态安全要求:

1）天然气供应系统工艺设施的设计、施工和运行必须由持有相应许可证的单位进行；

2）为天然气供应系统设施建立土库曼斯坦法律规定的保护制度；

3）在天然气供应系统设施的建设、运行或维修过程中违反安全规定及其违反保护规定的人(法人或自然人),应承担土库曼斯坦法律规定的责任；

4) материальный ущерб, нанесённый в результате проявленной халатности, умышленного повреждения объектов системы газоснабжения или иных незаконных действий, возмещается в порядке, установленном законодательством Туркменистана.

2. Здания, строения и сооружения, построенные ближе минимальных расстояний до объектов системы газоснабжения, установленных строительными нормами и правилами, подлежат сносу за счёт физических и юридических лиц, допустивших нарушения.

Статья 25. Готовность объектов системы газоснабжения к действиям по локализации потенциальных аварий и ликвидации их последствий

1. В целях обеспечения готовности объектов системы газоснабжения к действиям по локализации потенциальных аварий и ликвидации последствий в случае их возникновения оператор обеспечивает:

4）因疏忽、故意损坏天然气供应系统设施或其他违法行为造成的物质损失，应按照土库曼斯坦法律规定的程序予以赔偿。

2.根据建筑标准和规范，在距天然气供应系统设施规定的最短距离内建设的所有规模的建筑物均应拆除，费用由违规建造的自然人和法人承担。

第25条 遏制天然气供应系统设施潜在事故，并为事故做好善后准备

1.为保证遏制天然气供应系统设施潜在事故并做好善后准备，经营者应保证：

1) создание аварийно-спасательной службы опасных объектов системы газоснабжения, системы технической диагностики, системы оповещения о возникновении аварийных ситуаций;

2) разработку плана локализации потенциальных аварий, ликвидации их последствий;

3) подготовку персонала к действиям в аварийной ситуации;

4) проведение незамедлительных и эффективных действий по устранению последствий аварий, вызвавших нарушение работы объектов системы газоснабжения и (или) загрязнение окружающей среды.

2. Оператор вправе на договорной основе привлекать соответствующие специализированные службы к ликвидации последствий аварий.

Статья 26. Обязательное страхование ответственности за причинение вреда

1. Оператор несёт ответственность за вред, причинённый физическим и юридическим лицам, окружающей среде в процессе эксплуатации объектов системы газоснабжения.

1）建立天然气供应系统、技术诊断系统、事故报警系统等危险设施应急救援服务；

2）制定预防潜在事故发生及消除事故后果影响的措施；

3）培训应急人员；

4）采取紧急有效的行动，消除造成天然气供应系统设施运行中断和（或）环境污染的事故后果。

2. 经营者有权根据合同聘请相应的专业部门来消除事故后果。

第 26 条　强制性损害赔偿责任险

1. 经营者应对天然气供应系统设施运行过程中对自然人、法人、环境造成的损害负责。

2. Оператор осуществляет обязательное (государственное) страхование ответственности за причинение вреда жизни или здоровью людей, имуществу, окружающей среде, связанного с функционированием объектов системы газоснабжения.

3. Обязательному (государственному) страхованию ответственности за причинение вреда подлежат:

1) имущество технологических объектов системы газоснабжения;

2) имущество объектов, размещённых в охранной зоне, объектов системы газоснабжения, принадлежащих другим юридическим лицам.

4. Юридические лица иностранных государств, осуществляющие транспортировку сжиженного газа автомобильным транспортом, осуществляют обязательное (государственное) страхование ответственности за причинение вреда жизни или здоровью людей, имуществу, окружающей среде в соответствии с настоящей статьёй.

2. 经营者对与天然气供应系统设施运行有关的人体生命和健康、财产和环境造成的损害履行强制性（国家）保险赔偿责任。

3. 必须参加强制性（国家）损害赔偿责任险的有：

1）天然气供应系统工艺设施类财产；

2）位于保护区内的设施和属于其他法人的天然气供应系统设施的资产。

4. 从事液化气公路运输的外国法人，依照本条规定，对人身、财产、环境造成的生命或健康损害，实行强制性（国家）责任保险。

Глава IX. Мобилизационная готовность объектов системы газоснабжения

Статья 27. Мобилизационная готовность объектов системы газоснабжения

1. В целях обеспечения безопасности Туркменистана при введении режима чрезвычайного положения осуществляется мобилизационная готовность объектов системы газоснабжения, имеющих важное значение для жизнедеятельности государства.

2. Мобилизационная готовность объектов системы газоснабжения осуществляется в соответствии с законодательством Туркменистана в целях обеспечения энергетическими ресурсами отдельных территорий, стратегически важных объектов и Вооружённых Сил Туркменистана.

3. Мобилизационная готовность осуществляется по плану, утверждённому Кабинетом Министров Туркменистана.

4. Финансирование мероприятий мобилизационной готовности объектов системы газоснабжения осуществляется в порядке, установленном Кабинетом Министров Туркменистана.

第9章 天然气供应系统设施的动迁准备

第27条 天然气供应系统设施的动迁准备

1. 为了确保土库曼斯坦在实行紧急状态时的安全，对国家生活具有重要意义的天然气供应系统设施需做好动迁准备。

2. 根据土库曼斯坦法律进行天然气供应系统设施的动迁准备工作，以确保为土库曼斯坦个别地区、具有战略意义的设施和武装部队提供能源。

3. 动迁准备将根据土库曼斯坦内阁批准的计划进行。

4. 根据土库曼斯坦内阁规定的程序，为天然气供应系统设施的动迁准备工作提供资金。

Глава X. Заключительные положения

第 10 章　最终条款

Статья 28. Ответственность за нарушение настоящего Закона

第 28 条　违反本法应承担的责任

Нарушение настоящего Закона влечёт ответственность, установленную законодательством Туркменистана.

违反本法应承担土库曼斯坦法律规定的责任。

Статья 29. Вступление в силу настоящего Закона

第 29 条　本法生效

Настоящий Закон вступает в силу со дня его официального опубликования.

本法自正式公布之日起施行。

Президент Гурбангулы Туркменистана Бердымухамедов

土库曼斯坦总统
古尔班古力·别尔德穆哈梅多夫

гор. Ашхабад
29 августа 2013 года
№ 424-IV.

阿什哈巴德市
2013 年 8 月 29 日
第 424-IV 号

（声明：本丛书非国内官方中译本，编译团队针对中国石油走出去扩大油气合作等需求，精选相关法律法规作为重要的指导参考使用）